Berndt Keller

Frauenfußball: Auf dem langen Weg zum Profisport

Berndt Keller

Frauenfußball: Auf dem langen Weg zum Profisport

Aktuelle Entwicklungen und Perspektiven

Verlag Barbara Budrich
Opladen • Berlin • Toronto 2023

Bibliografische Information der Deutschen Nationalbibliothek
Die Deutsche Nationalbibliothek verzeichnet diese Publikation in der Deutschen Nationalbibliografie; detaillierte bibliografische Daten sind im Internet über https://portal.dnb.de abrufbar.

Gedruckt auf säurefreiem und alterungsbeständigem Papier.

www.budrich.de

ISBN 978-3-8474-2707-0 (Paperback)
eISBN 978-3-8474-1902-0 (PDF)
DOI 10.3224/84742707

Umschlaggestaltung: Bettina Lehfeldt, Kleinmachnow
www.lehfeldtgraphic.de
Titelbildnachweis: stock.adobe.com
Satz: Linda Kutzki, Berlin – www.textsalz.de
Druck: Books on Demand GmbH, Norderstedt
Printed in Germany

Inhalt

1 Einleitung und Problemstellung 7

2 Veränderungen der Organisationsformen 10
2.1 Organisation von Spielbetrieb und Ligen 10
2.1.1 Ligen und Pokalwettbewerb 11
2.1.2 Nationalmannschaft 14
2.2 Dachverband: DFB und Frauenfußball 19

3 Verschiebung der Kräfteverhältnisse 26
3.1 Veränderte Wettbewerbsbedingungen 26
3.2 Unterschiedliche Reaktionen 30
3.3 Folgen 34
3.4 Finanzielle Voraussetzungen 42
3.4.1 Entwicklung der Zuschauerzahlen 42
3.4.2 Entwicklung der Etats 47
3.5 Der internationale Wettbewerb: Die Women's Champions League 51

4 Arbeitsmarkt und Arbeitsbeziehungen 58
4.1 Arbeitsmarkt 58
4.1.1 Spielerinnen 58
4.1.2 Exkurs: Gehälter 66
4.1.3 Andere Beschäftigte 70
4.2 Arbeitsbeziehungen 72

5 Kommerzialisierung 81
5.1 Vermarktung der Medienrechte 81
5.2 Print- und soziale Medien 88

6 Exkurs: Aktuelle Entwicklungen in anderen Ländern 95

7 Zusammenfassung und Ausblick 98
7.1 Zusammenfassung 98
7.2 Ausblick 101

Literatur 104

1 Einleitung und Problemstellung

Die Geschichte des modernen Frauenfußballs reicht zurück bis ins späte 19. Jahrhundert. Seine diversen, nationalen wie internationalen Aspekte sind in der sportwissenschaftlichen bzw. sporthistorischen Literatur vielfach dokumentiert (für andere Eisenberg 2006, Brüggemeier et al. 2000, Hennies/Meuren 2011, Herzog 2013). Ein aktueller, international-komparativer Übersichtsartikel diagnostiziert sogar zunehmendes Interesse, „an increasing trend of journal publications since 1998, with a large representation of studies related to historical ad sociological research, where qualitative methods are dominant“ (Valenti et al. 2018, 511).

Aktuellere Entwicklungen des Frauenfußballs finden hingegen wenig Beachtung in Öffentlichkeit, Medien und Wissenschaft. Die offensichtlichen, anhaltenden Trends seiner allmählich fortschreitenden Professionalisierung stehen daher im Mittelpunkt dieses aus der Meso- und Makroperspektive argumentierenden Beitrags, der im Spektrum der verschiedenen Sozialwissenschaften inter- bzw. wenigstens multidisziplinär angelegt ist. Ich konzentriere mich ausschließlich auf die bisher kaum analysierten Entwicklungen im professionalisierten Segment des Frauenfußballs, ohne ausführlich auf den Amateur- sowie Mädchen- und Jugendbereich einzugehen (zusammenfassend Meier 2021). Meine sekundärempirische Analyse basiert auf einer qualitativen Auswertung der deutsch- und englischsprachigen Literatur einschl. Presseartikeln, umfangreichen Internetrecherchen sowie ausgewählten teil-strukturierten Interviews.

Ich behandle zunächst Veränderungen der Organisationsformen und -strukturen (Spielbetrieb und Ligen sowie Dachverband) (Kap. 2). Anschließend gehe ich ausführlich auf aktuellere Verschiebungen der Kräfteverhältnisse ein (organisatorische Bedingungen, wirtschaftliche Voraussetzungen, internationaler Wettbewerb) (Kap. 3). Danach analysiere ich die spezifischen Entwicklungen von Arbeitsmarkt und Arbeitsbeziehungen (Kap. 4). Dann steht die aktuell fortschreitende Kommerzialisierung durch intensivierte Strategien der Vermarktung im Mittelpunkt (Kap. 5). Ein knapp gehaltener Exkurs zu Entwicklungen in anderen Ländern skizziert Besonderheiten der deutschen Entwicklung (Kap. 6). Zusammenfassung und Ausblick beschließen das Manuskript (Kap. 7).

Einzelne Spielerinnen oder einzelne Spiele, etwa bei internationalen Turnieren, finden keine Berücksichtigung. Ausgeklammert bleiben auch die üblichen „Statistiken" im Rahmen der in den vergangenen Jahren in der medialen Sportberichterstattung eingetretenen Datenfixierung und Quantifizierung durch *big data.*[1] Weiterhin befasse ich mich nicht mit reinen Erlebnisberichten fußballaffiner Autoren und Autorinnen sowie – nicht ausführlich – mit „Traditionsvereinen". Last but not least klammere ich zweifellos relevante, aber anderswo ausführlich und kompetent behandelte Probleme aus, wie Identität und/durch Sport, Sexismus und sexualisierte Gewalt, Homophobie und Geschlechterdiskriminierung bzw. -gerechtigkeit (für andere Sobiech 2006, Müller 2009, Pfister/Pope 2018, Meier 2021).[2]

(Einige) Parallelen zum Männerfußball lassen sich nicht vermeiden. Ich stelle sie jedoch nicht, wie zumeist, reflexartig und/oder systematisch, sondern nur gelegentlich an, wenn sie sich unerwartet ergeben. Sie dienen ausschließlich der Verdeutlichung von Trends der allmählichen Professionalisierung, nicht einer als wünschenswert oder gar als notwendig erachteten normativen Zukunftsorientierung des Frauenfußballs.

Ich verweise auf eine aktuelle Studie mit Event- und Positionsdaten, die – im Gegensatz zu nach wie vor weit verbreiteten An-

---

1 U. a. Ergebnisse, Tabellen, Heim- und Auswärtstabellen, ewige Tabellen, Abseitsstellungen, Tore, Torvorlagen, Torschüsse und -schützen, Torjäger, Laufleistungen/zurückgelegte Distanzen. Auch die inzwischen umfangreiche Literatur zu Sportökonomie (Weimar 2019), Sportmanagement (Shilbury 2022a) sowie Sportrecht klammere ich weitgehend aus.

2 Außerdem beabsichtige ich nicht, einen Beitrag zu einer derzeit nur in Ansätzen bestehenden Theorie der Sportverbände zu leisten (Thieme/Wojciechowski 2021). Im Übrigen sind auch wissenschaftliche Beiträge über Frauenfußball (leider) deutlich seltener als über Männerfußball (Eisenberg 2006).

sichten – belegt, dass sich beim Frauenfußball, wenn man physische Unterschiede wie Ausdauer und Schnelligkeit ausklammert, in taktischer und kognitiver Leistungsfähigkeit keine deutlichen Unterschiede zum Männerfußball ergeben (Memmert 2021). Die häufig stattfindende Relativierung des Frauenfußballs durch Vergleiche mit dem Männerfußball ist folglich unbegründet (Diketmüller 2012). Es handelt sich nicht um eine weitere (Rand-)Sportart, sondern um dieselbe, eigenständige Sportart; eine Aufteilung nach Geschlecht ist unbegründet. Frauenfußball kann bei entsprechender Anerkennung einen „Mehrwert" für den Fußball insgesamt leisten.

Ich verwende – im Sinn einer (Nominal-)Definition – den Begriff Frauenfußball, obwohl er umstritten ist. Dies geschieht ausschließlich im Sinn gendergerechter Sprache sowie zur Abgrenzung vom Männerfußball, den ich im Gegensatz zum üblichen Sprachgebrauch auch so und nicht nur Fußball nenne.[3] Weiterhin gebrauche ich den Begriff Lizenzverein durchgängig und ausschließlich für Vereine, deren Männermannschaften in einer der obersten drei Ligen, vor allem der ersten oder zweiten Bundesliga, spielen. Mit dem Begriff Frauenverein bezeichne ich hingegen Vereine, die entweder ausschließlich über Frauenmannschaften verfügen oder bei denen die Frauenmannschaften das „Aushängeschild" sind.[4] Wichtig ist schließlich die Unterscheidung zwischen *internen* und *externen* Trends der Professionalisierung. Neben die internen, welche die Vereine und Verbände selbst entwickeln und umsetzen, treten externe, die durch Vermittlung in den Medien sowie durch gezielte Akquirierung von Sponsoren gefördert werden.[5] Ich gehe zunächst ausführlich auf die internen ein.

---

3 Im Gegensatz zum Fußball findet in anderen Sportarten stets explizit und nicht hinterfragt die Unterscheidung statt, etwa bei Radsport, Tennis und Volleyball.

4 Auch die UEFA verwendet in aktuellen Publikationen die Begrifflichkeit ‚integrated clubs' und ‚stand-alone clubs' (UEFA 2022).

5 Ein Konzept zur spezifischen Analyse des Frauenfußballs unterscheidet zwischen „professionalization ‚from within' and ‚from above' " (Bagger/Agergaard 2013, 823).

2 Veränderungen der Organisationsformen

Bei der *governance structure* und ihren Veränderungen unterscheide ich zwischen Vereinen und Spielbetrieb, der in Form hierarchisch angeordneter Ligen organisiert wird, sowie dem Dachverband Deutscher Fußballbund (DFB), der die Rahmenregeln des Wettbewerbs festlegt und implementiert sowie ggf. ändert. Meine Betrachtung konzentriert sich auf die Vereins- und Ligaebene mit dem Schwerpunkt der höchsten Liga des Leistungssports.

2.1 Organisation von Spielbetrieb und Ligen

Ein langfristiges Entwicklungshindernis war das vom DFB Mitte der 1950er Jahre gegenüber seinen Mitgliedsvereinen verhängte, bundesweit geltende Verbot, „Damenfußballabteilungen" zuzulassen und Plätze für „Damenfußballspiele" zur Verfügung zu stellen.[6] Die Folge dieses einstimmig beschlossenen Verbots der „Kampfsportart Fußball" war, dass Entwicklungen, wie ein vom Verband in offenen Ligen mit Auf- und Abstieg organisierter Spielbetrieb und eine dadurch ermöglichte, allmählich voranschreitende Professionalisierung, nicht stattfinden konnten. Es gab, von Ausnahmen u. a. im Ruhrgebiet und in Süddeutschland abgesehen, lediglich eine Reihe selbstorganisierter Vereine bzw. Mannschaften, deren Spiele in eigenen Freizeit- bzw. Hobbyligen unter reinen Amateurbedingungen stattfanden (Pfister 2012). Auch einige inoffizielle Länderspiele wurden ausgetragen.

Diese Diskriminierung hob der DFB erst 1970 durch die „Zulassung von Damenfußballspielen" offiziell – aus Eigeninteresse – auf, „weil die Fußball interessierten Frauen ihren eigenen Verband

---

[6] Ich verzichte auf die üblichen, hinreichend bekannten Zitate zur Begründung dieser Verbote, auch auf die des häufig genannten „Kronzeugen" Buytendijk.

gründen und eine inoffizielle Weltmeisterschaft durchführen wollten" (Sobiech 2006, 151). Zu diesen glaubhaften Drohungen mit Selbstständigkeit kamen in Zeiten des politischen und gesellschaftlichen Wandels[7] verstärkt Forderungen nach Gleichbehandlung von Männern und Frauen sowie emanzipatorische Erwartungen an mehr Geschlechtergerechtigkeit in allen Lebensbereichen; die bis dato geltenden Weiblichkeitsideale wurden zunehmend in Frage gestellt. Allerdings blieben zunächst eine Reihe einschränkender Vorschriften, wie halbjährige Winterpausen, leichtere Bälle, kürzere Spielzeiten, Verbote von Stollenschuhen und Trikotwerbung bestehen.

In Literatur und Öffentlichkeit findet selten die Tatsache Beachtung, dass derart ungleiche Ausgangs- bzw. Entwicklungsbedingungen keine spezifisch deutsche Entwicklung waren. Ähnlich massive Einschränkungen gab es nicht nur in anderen vergleichbaren europäischen Ländern, wie Belgien und Frankreich, sondern über mehrere Jahrzehnte sogar in England, dem „Mutterland" des dort vergleichsweise früh populären Fußballs:

> Women's football was forbidden by national football associations in all Western countries between the 1920s and 1970s. This ban profoundly hampered the development of women's football. Given this, it is unsurprising that today women's football has less commercial value than men's football. (Archer/Prange 2019, 428; ähnlich Scelles 2021)

2.1.1 Ligen und Pokalwettbewerb

Die tatsächliche Anerkennung folgte der verbandsoffiziellen mit deutlicher Verzögerung und nur allmählich.[8] Anders verlief die

---

[7] Vgl. zu Verbindungen von gesellschaftlichen und fußballerischen Entwicklungen dieser Zeit Beyer 2021.

[8] Die erste offizielle Meisterschaft gewann 1974 der TuS Wörrstadt. Die Meister dieser Phase kamen im Gegensatz zu späteren Entwicklungen aus Gegenden ohne dominierende Männermannschaften.

Entwicklung des Männerfußballs. Die erste Bundesliga nahm nach langwierigen Kontroversen über Bedeutung bzw. Aufhebung des Amateurprinzips durch Zulassung des Vertragsspielerstatuts und als notwendig erachtete Verbesserung der internationalen Konkurrenzfähigkeit bereits 1963 ihren Spielbetrieb auf, was im internationalen Vergleich eine bereits jahrzehntelange Verzögerung bedeutete.

Die Übergangsphase, insbesondere der Aufbau von Organisationsstrukturen im Sinn einer allmählichen Institutionalisierung des Spielbetriebs, dauerte nicht nur wenige Jahre, sondern mehrere Jahrzehnte: Nach der allmählichen Verbreitung des Frauenfußballs unter reinen Amateurbedingungen in den 1970er bestanden auch in den 1980er Jahren ausschließlich Ligen auf regionaler Ebene.[9] Auch diese nur allmähliche Ausdifferenzierung des organisierten Spielbetriebs ist, ähnlich wie die erwähnte späte Aufhebung der Verbote, im internationalen Vergleich keinesfalls ungewöhnlich:

> The 1970s and 1980s turn out to be breakthrough decades for women's football in Europe, and as a general pattern it is the national Fas (Football Associations, B.K.) that incorporate female football into their repertoires and today run the tournaments. (Gammelsæter/Senaux 2011, 284)

Die Einführung der zunächst zweigleisigen (1990 bis1997 mit je zehn Mannschaften in einer Nord- und Südstaffel), später eingleisigen ersten Bundesliga (seit 1997 unverändert mit zwölf Mannschaften) erfolgte erst in den 1990er Jahren, d.h. mehr als zwei Jahrzehnte nach der offiziellen Aufhebung des Verbots des Frauen-

---

9 Vgl. zur hier nicht behandelten Entwicklung des Frauenfußballs in der DDR zusammenfassend Pfister 2003. In den Frauen-Bundesligen sind Vereine aus Ostdeutschland nach wie vor deutlich unterrepräsentiert: In der Saison 2021/2022 spielten in der ersten Bundesliga zwei (Turbine Potsdam und FC Carl Zeiss Jena), in der zweiten Bundesliga nur eine Mannschaft (RB Leipzig) aus Ostdeutschland. Vgl. zu „contrasting institutional legacies" Meier 2021, zur Rezeption von Spielen der Nationalmannschaft der Männer in Ost- und Westdeutschland Meier et al. 2016b.

fußballs seitens des DFB. Die zweite Bundesliga, auf die ich später eingehe, nahm sogar erst in der Spielzeit 2004/2005 den Spielbetrieb auf. Diese Schritte der sukzessiven Zentralisierung des zunächst stark dezentral organisierten Spielbetriebs waren wichtige Etappen auf dem langen Weg der allmählichen Professionalisierung, die sich in dieser Hinsicht im Gegensatz zu anderen, noch zu behandelnden Dimensionen als stabil und dauerhaft tragfähig erwiesen hat.

Das Ziel dieser Institutionalisierung bzw. dieses organisatorischen Wandels bestand neben der Steigerung des Zuschauer- und Medieninteresses in der Egalisierung der erheblichen Unausgeglichenheit zwischen den Mannschaften bzw. Vereinen in den regionalen Ligen, der Konzentration der leistungsstärksten Mannschaften in einer Liga und dadurch der Verbesserung der Spielqualität sowie des Leistungsniveaus. Erfolge bei der spielerischen Entwicklung blieben nicht aus:

> The 1990s saw a radical change in the way women's football was played. The players' athletic abilities and competences improved along with their technical and tactical skills, thus increasing the tempo of play and making systematic and strategic sequences of passes possible. The football played by the top teams in the women's Bundesliga is characterized today by clever tactics and creative footwork. (Pfister 2006, 104)[10]

Zur Organisation des Vereinsfußballs gehört neben den Ligen auch der nationale Pokalwettbewerb. Das erste Pokalfinale fand erst am Ende der Saison 1980/1981 statt, also mehr als zehn Jahre nachdem der DFB das Verbot des Frauenfußballs offiziell aufgehoben hatte. Das Endspiel wurde lange (1985 – 2009) vor dem der Männer am selben Ort (in Berlin) ausgetragen – und stand stets in des-

---

10 National erfolgreiche Vereinsmannschaften, vor allem der 1. FFC Frankfurt, gewannen mehrfach auch europäische Titel.

sen Schatten. Seit 2010 findet dieser Höhepunkt der Saison zeitlich und örtlich getrennt von dem der Männer (bis mindestens 2025 in Köln) statt. Die Präsentation des Frauenfußballs beim Finale stößt jeweils auf ungewöhnlich breites Medien- und Zuschauerinteresse, welches sich jedoch, wie ich später noch zeige, – zumindest bisher – nicht nachhaltig auf den Alltag des Ligabetriebs auswirkt. Die für die teilnehmenden Vereine im gesamten Wettbewerb zu erzielenden Einnahmen sind nach wie vor gering, worunter die Attraktivität des Wettbewerbs leidet.[11]

2.1.2 Nationalmannschaft

Weiterhin gehört zu den Trends der Professionalisierung die Entwicklung der Nationalmannschaft. Wichtig für die gesamte Evolution des Frauenfußballs sind vor allem deren Teilnahme bzw. erfolgreiches Abschneiden bei internationalen Turnieren, d. h. Europa- und Weltmeisterschaften (EM und WM) sowie Olympischen Spielen.[12] Durch die bei diesen m*ega-events* – in deutlichem Gegensatz zum Ligabetrieb des nationalen Vereinsfußballs – vorhandene hohe Zuschauerzahl bei den Spielen sowie in Öffentlichkeit und Medien werden Sichtbarkeit und Bekanntheitsgrad des Frauenfußballs erhöht und die Beachtung potentieller Sponsoren geweckt bzw. gesteigert (KPMG Football Benchmark 2020, Meier 2021).

Die Entwicklung der Nationalmannschaft verlief ähnlich verzögert wie die des Ligabetriebs bzw. der Vereinsmannschaften: Ihre Gründung erfolgte wegen der nach wie vor andauernden Ablehnung des DFB offiziell erst 1982, also mehr als ein Jahrzehnt nach der offiziellen Aufhebung des Verbots des Frauenfußballs.[13] Be-

---

11 Im Gegensatz zum Männerfußball gibt es keinen Supercup, der zwischen Meister und Pokalsieger ausgetragen wird.

12 Frauenfußball ist erst seit 1996 olympische Disziplin. EM finden seit 1984, WM offiziell seit 1991 statt; vgl. zur Entwicklung der WM-Wettbewerbsbedingungen im Einzelnen Scelles 2021. Zum Vergleich: WM der Männer werden seit 1930 ausgetragen.

13 Inzwischen bestehen Nationalmannschaften für U23, U20 und U19 sowie für Juniorinnen (U17, U16, U15).

reits1981 hatte die Vereinsmannschaft SSG 09 Bergisch-Gladbach bei einem Women's World Invitational Tournament, das keine von der FIFA offiziell organisierte Veranstaltung war, den ersten inoffiziellen WM-Titel gewonnen („Wunder von Taipeh").[14]

Die verbandsoffizielle Einstellung dieser Zeit dokumentiert das „Schreiben an die Spielerinnen der Damen-Nationalmannschaft Euro 1989", in dem es heißt:

> Im kleinsten Kreis des Präsidiums haben wir uns darüber Gedanken gemacht, wie wir Ihnen persönlich als Anerkennung wohl am besten eine Freude machen könnten. Neben einer beabsichtigten Spielreise, vorgesehen in den asiatischen Teil unserer Weltkugel (Japan, evtl. Hongkong oder Singapur), soll der Versuch gemacht werden, auch durch ein praktisches Geschenk Freude auszulösen. Ich hoffe, daß es uns dadurch gelingt, daß Sie in Bälde bereits ein bei Villeroy + Boch ausgesuchtes Kaffee- und Tafelservice mit dem Bone-China-Dekor Mariposa in ihre Wohnung gebracht erhalten. Das Kaffeeservice wird 23-teilig sein, das Tafelservice 18-teilig. (zitiert nach Jürgens/Köster 2022, 65).

Die Nationalmannschaft war später sehr erfolgreich. Sie gewann – nach gewissen Anfangsschwierigkeiten – 1989 erstmals die EM, wodurch die bereits erwähnte Einführung überregionaler, d. h. nationaler Ligen gefördert wurde. In den 1990er und 2000er Jahren, der „goldenen Ära", folgten – neben einigen guten Platzierungen – eine Reihe von Titelgewinnen bei EM und WM sowie Medaillengewinne bei Olympischen Spielen.[15]

---

14 Vgl. die Doku „Die Weltmeisterinnen: Als Bergisch Gladbach Geschichte schrieb" https://www.ardmediathek.de/video/wdr-dok/als-bergisch-gladbach-geschichte-schrieb/wdr/Y3JpZDovL3dkci5kZS9CZW10cmFnLTUyODZkY-zIyLWI3NzEtNGZjYy1hMmRiLTNhOTI0MDNlMzU1NQ

15 Im Einzelnen: Europameisterschaft 1989, 1991, 1995, 1997, 2001, 2005, 2009 und 2013, Weltmeisterschaft 2003 und 2007, bei Olympischen Spielen Bronze

Einerseits galt lange: „Teams of USA, Norway and Germany showed a high frequency of participation in quarterfinals and also presented the greatest performance over the years. It was found a significant increase in the competitiveness among the teams throughout the editions.“ (Barreira/Da Silva 2016, 798). Andererseits verpasste die Nationalmannschaft mehrfach die Teilnahme an wichtigen internationalen Turnieren und büßte dadurch ihre internationale Führungsposition ein.

Mit erheblichen Hoffnungen für die weitere Professionalisierung und Popularisierung des nationalen Frauenfußballs verbunden war das Schlüsselereignis „Heim-WM“ 2011. Das Interesse an der Nationalmannschaft (TEAM 2011) war größer als an der Liga, die Wahrnehmung positiver (Hallmann 2012). Das letztendlich bei hohen öffentlichen Erwartungen und beträchtlichen eigenen Ansprüchen unerwartet frühe Ausscheiden im Viertelfinale, einschließlich der dadurch verpassten Teilnahme an den Olympischen Spielen, war – bei großem Zuschauerinteresse sowohl in den Stadien als auch bei den Fernsehübertragungen während des Turniers – eine große Enttäuschung. „This impeded the development of women's football in one of the most important ‚football countries‘.“ (Pfister 2018, 49)

Mittel- und langfristig nahmen die Zuschauerzahlen der Ligaspiele nicht deutlich zu (Meier et al. 2016a).[16] Auch das geweckte Interesse des DFB ging (wieder) zurück; auch die Zahl der weiblichen Mitglieder nahm mittelfristig wieder ab. Ähnliche Folgen für die weitere Entwicklung hatte das frühe Ausscheiden bereits im Viertelfinale bei der EM 2017 sowie bei der WM 2019, wodurch auch die Teilnahme an den Olympischen Spielen 2020 bzw. (pandemiebedingt verspätet) 2021 verpasst wurde.

2000, 2004, 2008 sowie Gold 2016. Bei insgesamt 13 EM gelangen acht Titelgewinne.

16 Eine Studie konstatiert am Beispiel der WM 2011: „Regarding women's soccer it can be said that the more interesting, exciting and cheerful it is perceived to be, the higher the interest in attending matches.“ (Hallmann 2012, 33)

Von Mitte der 2010er Jahre an gelangen in einer Phase relativer Stagnation der Entwicklung – bei zunehmender internationaler Konkurrenz – bis zum „Sommermärchen“ der EM 2022 keine weiteren Erfolge im Sinn von Titelgewinnen bzw. herausragenden Platzierungen wie Vizemeisterschaften. Derartige Erfolge hätten über hohe Zuschauerzahlen bzw. Einschaltquoten hinaus zu größerem Interesse am Frauenfußball in der Öffentlichkeit, u. a. auch in Bezug auf eigene Aktivitäten, führen können. Gleiches gilt für potentielle Sponsoren und weitere Vermarktungsoptionen.

M. a. W.: Erfolge der Nationalmannschaft sind wichtig, wenn nicht sogar ausschlaggebend für die Wahrnehmung sowie für die Entwicklung der Zuschauerzahlen auch im Alltagsbetrieb der Bundesliga (Selmer 2012, Meier 2021). Insofern hängt die weitere Entwicklung des Frauenfußballs auf nationaler Ebene (auch) ab von der Konkurrenzfähigkeit des „Zugpferdes“ Nationalmannschaft, insbes. bei internationalen Turnieren. Allerdings hat im Laufe der Jahre nicht nur die Zahl der Teilnehmer[17], sondern damit auch die der Konkurrenten um überdurchschnittliche Platzierungen bzw. sogar Titelgewinne zugenommen.

Das unerwartet erfolgreiche Abschneiden der Nationalmannschaft – und die dadurch ausgelöste Euphorie mit Rekordeinschaltquoten – bei der EM 2022 führte zur Erwartung einer deutlichen Zunahme der Zuschauerzahlen.[18] Zu Beginn der Spielzeit 2022/2023 nahmen die Zuschauerzahlen der Ligaspiele sowohl in den Stadien als auch bei den Fernsehübertragungen deutlich zu und erreichten bereits nach wenigen Spieltagen das (niedrige) Niveau der vorherigen Spielzeiten. Abzuwarten bleiben natürlich die mittel- und langfristig nachhaltigen Auswirkungen, die, wie bereits

---

17 Die Teilnehmerzahlen sind durch Inklusion kleinerer Länder im Laufe der Jahre deutlich – seit 2015 auf 24, demnächst sogar auf 32 – gestiegen.

18 Dieser Anstieg kam bei den Fernsehübertragungen der ersten Länderspiele nach der EM (noch) nicht zustande; das während der EM deutlich gestiegene Interesse fiel – bei unattraktiven Gegnern und ungünstigen Anstoßzeiten – wieder auf das Niveau wie vor der EM und stieg erst bei den folgenden Heimspielen.

erwähnt, in der Vergangenheit nicht eingetreten sind.[19] Vorläufig ungeklärt bleibt die Frage, ob ein einzelner Erfolg bei einem internationalen Turnier neues Interesse wecken und die langjährig eingetretene Entwicklung tatsächlich umkehren kann.[20]

Die Übertragungsrechte der Begegnungen der Nationalmannschaft liegen bis einschließlich der Saison 2022/2023 bei den großen öffentlich-rechtlichen Anstalten ARD und ZDF. Seit der WM 2003 werden zwar sämtliche Spiele live übertragen, allerdings nur selten zur abendlichen *primetime*, sondern meistens wegen ihrer – tatsächlich oder vermeintlich niedrigen – Einschaltquoten zu frühen Anstoßzeiten und/oder sogar in Konkurrenz zu Spielen der Männerbundesliga. Dadurch sind die Chancen, ein breites öffentliches Interesse bei Zuschauern und (potentiellen) Sponsoren zu generieren, erheblich eingeschränkt.[21] Das vor allem bei wichtigen internationalen Turnieren wie EM und WM kurzfristig vorhandene große Interesse mit überdurchschnittlich hohen Einschaltquoten bzw. Marktanteilen – vor allem bei Erfolgen der eigenen Mannschaft sowie gleichzeitiger Spielpause der Männerbundesliga – ist (auch) dadurch nicht langfristiger Natur und hatte zumindest bisher kaum Konsequenzen für den Spielbetrieb der nationalen Liga.

Bisher sind EM und WM die einzigen supranationalen Wettbewerbe für die Nationalmannschaften der Frauen. Ab 2023 führt die UEFA einen zusätzlichen Wettbewerb ein, die Nations League, die Ähnlichkeiten mit der im Männerfußball bereits existierenden auf-

---

19 Die langfristigen Konsequenzen der mit einem Marktanteil von fast 65 Prozent und fast 18 Mio. sehr hohen Einschaltquote des EM-Endspiels 2022 sind ungewiss.

20 Der DFB sieht in einer aktuellen Studie, die auf Interviews mit Stakeholdern und Experten basiert, große Potentiale für Wachstumsstrategien der Frauen-Bundesliga (https://www.dfb.de/news/detail/studie-neue-perspektiven-zur-frauen-bundesliga-veroeffentlicht-245866/). Möglicherweise „hilft“ auch die zunehmende Kritik am Profibereich des Männerfußballs dem Frauenfußball.

21 Hier wird der Unterschied zum Männerfußball besonders deutlich: „… seven out of the eight highest-rated programs from the start of TV viewing data through 2008 involved the German soccer team playing in a major tournament.“ (Kuper/Szymanski 2014, 228) Das bei Männerturnieren bei zahlreichen Zuschauern beliebte *public viewing* findet bei Frauenturnieren nur selten statt.

weist. In drei nach der UEFA-Koeffizientenrangliste abgestuften Ligen finden zunächst Gruppenspiele statt, denen die K.o.-Endrunde der Gruppensieger folgt. Die besten Mannschaften der obersten Liga qualifizieren sich für die EM-, WM- und Olympischen Turniere. Auf- und Abstiege erfolgen regelmäßig. Die Spiele sollen wegen der Einordnung der Mannschaften nach Spielstärke in Leistungsklassen ausgeglichener sein; offensichtlich soll das „Produkt" Nationalmannschaft besser vermarktet werden. Das Interesse der Mannschaften dürfte gegeben sein, weil die Qualifikation für die großen internationalen Turniere von der Platzierung in der Nations League abhängt, das Zuschauerinteresse hingegen könnte – ähnlich wie bei der der Männer – begrenzt sein.

2.2 Dachverband: DFB und Frauenfußball

Die Organisation des Fußballs erfolgt, wie bereits erwähnt, zum einen *horizontal* in Form von Vereinen und ihrem Spielbetrieb in hierarchisch angeordneten Ligen, d. h. von der ersten Bundesliga bis zu den Kreisklassen, zum andern *vertikal* in Verbänden, d. h. in Landes- und Regionalverbänden, sowie in deren Dachverband, dem DFB (Strünck 2007). Der DFB – und nicht wie bei den Männer-Bundesligen die Deutsche Fußball Liga GmbH[22] – ist der *governing body* des gesamten Managements des Frauenfußballs; diese Marktregulierung umfasst die Formulierung aller Wettbewerbsregeln und deren Umsetzung.[23] Die gesamte Verbandspolitik des DFB bewegt sich stets, wenngleich nicht ausschließlich im traditionell konflikthaften Spannungsfeld von (kleinerem) Profi- und (größerem) Amateurlager. Im Mittelpunkt meiner Betrachtung stehen allerdings andere innerverbandliche, aktuell virulente Macht- bzw. Konfliktlinien, nämlich die Repräsentation der spezifischen Interessen von Frauen.

---

22 https://www.dfl.de

23 Zu Einzelheiten des Lizenzierungsverfahrens, das die wirtschaftlichen Rahmenbedingungen der Vereine prüfen soll, DFB o. J.

Die Form der Organisierung des Frauenfußballs im DFB gerät in den vergangenen Jahren, ähnlich wie die anderer Verbände, etwa des überfachlichen Deutschen Olympischen Sportbundes (DOSB), zunehmend in die Kritik von Betroffenen, Medien und Öffentlichkeit. Sie beklagen vor allem Informations- und Machtasymmetrien zwischen Verbänden und Mitgliedern bzw. fehlende demokratische Willensbildung infolge eines mangelnden Einbezugs der Aktiven. In der Terminologie der sozialwissenschaftlichen Verbandsforschung hat dieses innerverbandliche Problem der Beteiligung der Mitglieder mit unterschiedlichen Interessen, der Mitgliederlogik (*logic of membership)*, erhebliche Konsequenzen für Einflussnahmen auf externe Entscheidungen, die Einflusslogik (*logic of interest representation)*.

Der Frauenfußball bzw. dessen Bundesliga finden im/beim nach wie vor männlich dominierten DFB traditionell nur unzureichend Beachtung. Dieses mangelnde Engagement wirft Fragen von *good governance* seitens des Verbandes auf. Gefordert werden neben verbesserten Teilhabemöglichkeiten auch mehr (vor allem finanzielle) Fördermaßnahmen nicht nur der Lizenzvereine, sondern auch des Dachverbandes, um mittel- und langfristig den Weg zu mehr Diversität und Emanzipation des Frauenfußballs zu ebnen. Ähnlich gilt für England: „Taken together, the core difficulty, then, is the underrepresentation of women in decision-making positions, which means that the experiences of women are overlooked." (Culvin/Bowes 2021, n.p.)

Frauen sind sowohl in hauptamtlichen Führungspositionen (Präsidium, Vorstand, Geschäftsführung) als auch in ehrenamtlichen Gremien traditionell deutlich unterrepräsentiert, so dass ihre spezifischen Belange, etwa an einer weiteren Professionalisierung des Frauenfußballs, in den formalen Entscheidungsstrukturen und informellen Willensbildungsprozessen nur ungenügend Berücksichtigung finden. Ähnlich wird die Situation in England beschrieben: „Although women and girls are playing football in increasing numbers they are still significantly under-represented in decision-making and leadership roles ..." (Welford 2018,

104).[24] Mikropolitik *im* Fußball – und nicht nur *des* Fußballs – gewinnt in den vergangenen Jahren an Bedeutung.[25]

Die Gremienstrukturen entsprechen nicht den Mitgliederstrukturen, wie sich anhand verschiedener Indikatoren zeigen lässt. Von den über sieben Mio. Mitgliedern des DFB sind ca. eine Mio. Frauen, die bei weitem nicht alle aktiv sind. Der DFB müsste allein aus Eigennutzkalkülen – und unabhängig von Überlegungen zur Geschlechtergerechtigkeit – an einer stärkeren Partizipation von Frauen interessiert sein, da der Frauenfußball laut offizieller Einschätzung (UEFA 2022) ein hohes Wachstumspotential aufweist.

Ein gemeinsames Merkmal ist die verzögerte Berücksichtigung spezifischer Probleme bzw. zögerliche Herstellung von Gleichberechtigung bei der Besetzung der Führungspositionen:

- Dem DFB-Präsidium, das die strategischen Entscheidungen des Dachverbandes trifft, gehörte bis 2021 nur eine Frau an.[26]
- Der eigenständige „DFB-Ausschuss Frauen-Bundesligen" wurde erst 2019 gegründet. „Das Gremium soll gemeinsam die Entwicklung der FLYERALARM Frauen-Bundesliga und der 2. Frauen-Bundesliga voranbringen, Impulse setzen, Konzepte ausarbeiten und umsetzen, sowie weitere Meilensteine setzen."[27]
- Der erste, der Öffentlichkeit vorgestellte DFB-Saisonreport Frauen-Bundesliga erschien erst 2021 (DFB 2021a). Auf supranationaler Ebene gründete die ECA, der Zusammen-

[24] Ähnlich zu „gendering of organisations and leadership" und verallgemeinernd für Verbände in anderen Ländern Hovden 2021.

[25] In den Statuten der FIFA, des weltweiten Dachverbandes, heißt es: „Der Zweck ist, … den Frauenfussball zu fördern und die Frauen auf allen Ebenen der Fussballverwaltung voll einzubinden…" (Allgemeine Bestimmungen, Par. 2).

[26] Seit 1977 gab es eine Referentin für Frauenfußball im DFB.

[27] https://www.dfb.de/flyeralarm-frauen-bundesliga/news-detail/qa-zum-dfb-ausschuss-frauen-bundesliga-211412; vgl. auch https://www.dfb.de/verbandsstruktur/kommissionen-ausschuesse/ausschuss-frauen-bundesligen. Dieses Gremium ist nicht zu verwechseln mit dem DFB-Ausschuss für Frauen- und Mädchenfußball (https://www.dfb.de/verbandsstruktur/kommissionen-ausschuesse/dfb-ausschuss-fuer-frauen-und-maedchenfussball/).

schluss größerer Vereine, bereits 2013 ihr Women's Football Committee (ECA 2014).

Wahlen, die stets interessengeleitet erfolgen, stellen Verfahren dar zur Repräsentation unterschiedlicher Interessen und zur Legitimation des Verbandes. Die DFB-Satzung legt fest, dass aufgrund der föderalen Struktur des „Verbandes von Verbänden" die 17 Landesverbände – und nicht etwa einzelne Vereine – über das Recht verfügen, die Delegierten zu bestimmen und die Kandidaten für Spitzenpositionen vorzuschlagen. Derzeit gibt es keine Mehrheit für eine Änderung der Satzung und ihrer Wahlregeln.

Bis dato galt der DFB stets als Bewahrer des Status quo, nicht als Initiator strukturell-systematischer Veränderungen durch aktive Vermittlung unterschiedlicher bis konfligierender Interessen. Durch die Wahlen für die Spitzenämter beim DFB-Bundestag im Frühjahr 2022 sind erstmals ein Drittel der Mitglieder des Präsidiums Frauen. Die aktuelle Quote liegt über dem Anteil der Frauen an den DFB-Mitgliedern und zeigt eine (allmählich) zunehmende Diversität in den Führungsgremien an. Ob dadurch tatsächlich ein Wendepunkt zu verbesserten Teilhabemöglichkeiten bzw. auch mehr faktischer Diversität erreicht wird, lässt sich derzeit noch nicht beurteilen.[28] Die Schwelle einer für wirksame Repräsentation bzw. substantielle Veränderungen notwendige „kritischen Masse" liegt nach verbandsoffizieller Auffassung bei 30 Prozent; wenn sie erreicht ist, kann ein allmähliches Umdenken erfolgen.[29]

Aufgrund der skizzierten Situation initiierten im Frühjahr 2021 einige prominente, in verschiedenen Bereichen tätige Persönlich-

---

[28] Seit der Neuwahl bzw. „personellen Neuaufstellung" sind vier Frauen Mitglieder des Präsidiums: eine Vizepräsidentin, (vorrübergehend) die Vorsitzende der Geschäftsführung der DFL GmbH, eine Vizepräsidentin „Mädchen- und Frauenfußball", sowie eine Vizepräsidentin „Gleichstellung und Diversity", deren Stelle neu geschaffen wurde. Außerdem übernimmt zum ersten Mal in der Geschichte eine Frau die Position des DFB-Generalsekretärs. Über die Situation in den Landesverbänden liegen keine Informationen vor.

[29] https://www.dfb.de/frauen-im-fussball/strategie-2027/

keiten die sportpolitische Initiative „Fußball kann mehr".[30] Sie fordern „die Unterstützung von Frauen im Berufsfeld Fußball und die angemessene Anerkennung Fußball spielender Frauen". Sie verlangen gezielte Veränderungen der Lage von Frauen im Sinne deutlicher Verbesserungen bei Verbänden und Vereinen mit dem Ziel der Erreichung von Geschlechtergerechtigkeit, u. a. durch Einführung verbindlicher Quotenregelungen für Führungspositionen in Vereinen und Verbänden (Geschäftsführungen, Präsidien, Vorstände) sowie die Einführung einer Doppelspitze beim DFB mit einem Mann und einer Frau.[31] In anderen Bereichen existieren derartige Regelungen als Instrumente der Gleichstellung bereits seit Jahren.

In Anbetracht der bestehenden Machtverhältnisse fordern aktuelle Vorschläge, den Frauenfußball aus dem bisher „zuständigen" DFB auszugliedern und ähnlich wie den Profifußball der Männer unter dem Dach der DFL, der 2000 gegründeten, formal unabhängig vom DFB agierenden Interessengemeinschaft der 36 Lizenzvereine der ersten und zweiten Bundesliga, zu organisieren („DFL der Frauen"). Die DFL signalisierte grundsätzliche Bereitschaft; ungewiss blieb, ob alle Mitglieder „mitziehen" würden.

Die „Taskforce Zukunft Profifußball" der DFL[32] empfiehlt in ihrem 2021 vorgelegten, zusammenfassenden Ergebnisbericht eine Kooperation mit der DFL und nennt unter Handlungsempfehlungen nicht nur Maßnahmen zur „Förderung von Frauenfußball", sondern auch die „Förderung von Frauen im Fußball…ob im Ehrenamt oder Beruf" (DFL 2021).[33] Kritiker wenden ein, dass dadurch die strukturellen Probleme der Unterrepräsentation von Frauen sowie man-

---

30 Fußball kann mehr. Acht Forderungen für mehr Frauen im Fußball (https://inklusion-fussball.de/fussball-kann-mehr).

31 Wegen mangelnder Erfolgsaussichten wurde keine eigene Kandidatin für den DFB-Bundestag 2022 benannt (https://www.dw.com/de/katja-kraus-dfb-haelt-an-machtstrukturen-fest/a-60698157).

32 https://www.dfl.de/de/aktuelles/ergebnisbericht-taskforce-zukunft-profifußball/

33 Eine weitere aktuelle, breit angelegte Initiative ist die FemaleFootballAcademy. „Die Zeit ist reif für neue Konzepte für Frauen im Fußball: Wir sprechen darüber!" (https://femalefootballacademy.org).

gelnder Unterstützung des Frauenfußballs in strategischer Perspektive nicht automatisch gelöst würden.[34]

Anfang 2022 beschloss der DFB-Bundestag, dass (vorläufig) keine Ausgliederung, sondern eine „nachhaltige Professionalisierung“ innerhalb des DFB erfolgen soll.[35] Der Antrag eines DFB-Landesverbandes zur „Gründung einer Deutschen Frauenbußball-Liga mit eigenständiger Verantwortung“ wird aktuell nicht weiter verfolgt.

Eine Alternative wäre die gelegentlich vorgeschlagene, unabhängige Organisierung durch Gründung eines eigenständigen Verbandes („Frauen-DFL“), der die Sichtbarkeit der Liga bei Medien, potentiellen Sponsoren und Öffentlichkeit (wohl) erhöhen würde. Die Möglichkeiten der Vermarktung würden wohl zunehmen. Allerdings wäre dieser Versuch in organisationstheoretischer Perspektive überaus voraussetzungsvoll und riskant, da die zur Gründung bzw. dauerhaften Etablierung eines Verbandes erforderlichen personellen und finanziellen Ressourcen knapp sind und ein hoher Organisationsgrad eine notwendige Voraussetzung wäre. Der organisatorische „Vorsprung“ bestehender Verbände, die am Entstehen von Konkurrenz nicht interessiert sind, ist kaum zu egalisieren. Die Drohung mit der Gründung eines eigenen Verbandes wäre daher nicht glaubhaft.

Der Dachverband kann durch materielle und ideelle Fördermaßnahmen die Entwicklung auf dem Weg zur Gleichstellung der Geschlechter fördern und prägen – oder derartige Maßnahmen unterlassen.[36] Auch nach der erwähnten Aufhebung des Verbots des

---

[34] Bei der DFL war 2022 erstmals eine Frau Vorsitzende der Geschäftsführung. Auf Vereinsebene ist die Situation ähnlich wie bei den Verbänden. 2022 hat im Bereich der drei Profiligen lediglich ein Verein, Eintracht Braunschweig, eine Präsidentin; insgesamt sind nur drei Frauen Mitglieder von Vorständen.

[35] Eine DFB-Vizepräsidentin ist ausschließlich für die Frauen-Bundesligen zuständig.

[36] 2021 legte der DFB wie erwähnt einen ganzheitlichen Strategieentwurf mit ausgewählten Handlungsfeldern vor (Trainer, Wettbewerbe, Förderstrukturen, Nationalmannschaften, datengestützte Fußballentwicklung) (https://www.dfb.de/frauen-im-fussball/strategie-2027/).

„Damenfußballs" gehörte die Förderung des Frauenfußballs nicht zu den prioritären Zielen des Verbandes. Für die Entwicklung in Deutschland gilt:

> … the culture of women's football may have progressed from a culture of explicit oppression (1920s – 1970s) to a culture of toleration (1970s – 2010s) and a culture of stimulation (2010s), the culture of stimulation is one of ‚conditional stimulation' at best (Archer/Prange 2019, 423).[37]

---

[37] Vgl. den offiziellen Rückblick auf die Verbandsgeschichte „50 Jahre Frauenfußball – 50 Gesichter https://www.dfb.de/flyeralarm-frauen-bundesliga/news-detail/50 Jahre Frauenfußball – 50 Gesichter-222845/. Vgl. zu (Selbst-)Darstellung und Vermarktung aktuell die in der ARD-Mediathek verfügbare dreiteilige Dokumentation „Born for this. Mehr als Fußball" (https://www.daserste.de/sport/sportschau/born-for-this-102.html).

3 Verschiebung der Kräfteverhältnisse

Die Wettbewerbs- bzw. Konkurrenzbedingungen haben sich seit den frühen/mittleren 2010er Jahren grundlegend verschoben.[38] In den vorherigen Jahrzehnten, genau bis 2012, dominierten vor allem kleinere Vereine die Liga und gewannen die nationalen Titel.[39]

3.1 Veränderte Wettbewerbsbedingungen

Seit den frühen 2010er Jahren haben sich, ähnlich wie in anderen Ländern (FIFA 2021), die Voraussetzungen des Erfolgs grundlegend geändert. Früher als manche ihrer Konkurrenten haben einige große Lizenzvereine – im eingangs definierten Sinn – die brachliegenden, großen (auch wirtschaftlichen) Potentiale des „Wachstumsmarktes" Frauenfußball (international vergleichend UEFA 2022, 11 et passim) erkannt und ihr Engagement entsprechend ausgerichtet. Sie nutzen es im Rahmen ihrer langfristig angelegten Gesamtstrategien – sowie aus Gründen des Image- und Marketinggewinns – für die spezifischen Interessen ihres Unternehmens, indem sie größere Summen als früher in den Frauenfußball investieren.

Durch diese „Quersubventionierung" schaffen Lizenzvereine die notwendigen wirtschaftlichen Voraussetzungen für den Auf- bzw. weiteren Ausbau einschließlich der (gemeinsamen) Nutzung ihrer professionalisierten Infrastrukturen, die Voraussetzungen für sportliche Leistungen bzw. Erfolge darstellen. Von diesen Veränderungen können die Frauenmannschaften profitieren. Dazu gehö-

---

38 Zu Einzelheiten der Übergänge auf Vereinsebene Hennies/Meuren 2011.

39 Der 1. FFC Frankfurt, der sich später Eintracht Frankfurt anschloss, war der erfolgreichste Verein, der „Traditionsverein" 1. FFC Turbine Potsdam ein weiteres Beispiel.

ren regelmäßiger und zeitgünstiger Zugang zu Trainingsgelegenheiten, wie Plätzen und Zentren sowie Krafträumen, Zugang bei (zumindest einigen Spitzen-)Spielen zu den großen Stadien, in denen sonst nur die Männermannschaften ihre Spiele austragen, Ausrüstung (einschl. Datenerhebung durch Videoanalysen und -studien eigener sowie fremder Spiele), Partizipation an vorhandener sportlicher und betriebswirtschaftlicher Expertise und *know-how* sowie die Verpflichtung von (Spitzen-)Spielerinnen.

Diese vergleichsweise günstigen Bedingungen möglicher Synergieeffekte gehen über eine (bis dato nicht erreichte) materielle Gleichstellung der Spielerinnen hinaus. Auf die aktuellen Forderungen nach *equal pay* und *equal play* gehe ich später ein. – Andererseits kann die Gefahr bestehen, dass in den Lizenzvereinen die Interessen der Frauen- von denen der Männermannschaften dominiert werden. Änderungen der formalen und informellen Organisationsstrukturen erfolgen nicht zwangsläufig.

Die Folge ist, dass die Mannschaften dieser Lizenzvereine inzwischen die nationale Liga dominieren, Titelgewinne in Serie unter sich ausmachen[40] und auch in internationalen Wettbewerben erfolgreich sind, d.h. die K.o.-Runden erreichen. Einerseits führen diese Investitionen zu höheren (insbes. TV-)Einnahmen dieser Vereine, steigern dadurch deren Attraktivität für (Spitzen-)Spielerinnen, verbessern Wettbewerbsfähigkeit sowie Qualität der Spiele und erhöhen die Aufmerksamkeit von Medien und Öffentlichkeit. Andererseits verstärkt diese Übermacht zunehmend die bereits bestehende Unausgeglichenheit innerhalb der Liga und führt dazu, dass die notwendige Ungewissheit über den Ausgang der Spiele mittel- und langfristig weiter abnimmt bzw. ein ausgeglichener Wettbewerb kaum noch gegeben ist. In (sport)ökonomischer Sicht

---

[40] Diese Entwicklung schließt den nationalen Pokalwettbewerb ein, dessen Serienmeister inzwischen der VFL Wolfsburg ist. Sog. doubles, d.h. Titelgewinne in Meisterschaft und Pokal, kommen vor. Technisch formuliert nimmt die *concentration ratio* (Drewes/Rebbeggiani 2019) auch in der Frauen-Bundesliga deutlich ab. Gemessen werden dabei nicht einzelne Spiele oder Ergebnisse oder langfristige Entwicklungen, sondern Spielzeiten.

ist die Gefahr einer Monopol- oder Oligopolbildung nicht von der Hand zu weisen.[41]

Im Männerfußball werden aktuell angesichts der andauernden Serienmeisterschaften von Bayern München, technisch formuliert eines hohen *levels of dominance* im Sinne der später noch näher zu behandelnden competitive balance-Theorie der Sportökonomie, Änderungen der wirtschaftlichen Rahmenbedingungen diskutiert, um mehr Spannung zu erreichen bzw. diese während der Spielzeiten länger zu erhalten. Ein Vorschlag fordert zum Ausgleich der Unterschiede die Umverteilung von Geldern aus nationalen und auch internationalen Wettbewerben bis hin zur paritätischen Verteilung. Ein weiterer Vorschlag plädiert für die Einführung sog. play-offs nach K.o.-System mit acht Mannschaften nach Ende der regulären Punkterunde, was zur „Amerikanisierung“ des europäischen Fußballs führen würde.

Ausländische Finanzinvestoren, die im Männerfußball seit Jahren vor allem im „Investorenfußball“ der englischen Premier League sowie in der spanischen Primera División aktiv sind, gibt es im Frauenfußball nicht. Einer solchen Entwicklung würde in Deutschland die seit Ende der 1990er Jahre wiederholt kontrovers diskutierte 50 plus 1-Regel entgegenstehen. Diese Sperrklausel verhindert eine weitere, grenzenlose Kommerzialisierung durch den Einfluss von Großinvestoren, wie Milliardären oder Hedgefonds: Stimmenmehrheit und damit Entscheidungsgewalt verbleiben auch bei einer Ausgliederung in eine Kapitalgesellschaft beim Stammverein und seinen Mitgliedern, konkret bei der Jahreshauptversammlung. Einige Ausnahmen, die auf unterschiedlichen Modellen und langjähriger Unterstützung von Vereinen basieren, werden kontrovers diskutiert, letzten Endes aber akzeptiert. Außerdem ist der Markt des Frauenfußballs zu klein, um derartige Aktivitäten mit Aussicht auf Erfolg in Erwägung zu ziehen. Externe Einfluss-

---

[41] Ein aktueller internationaler Vergleich des Männerfußballs spricht zutreffend von der „Dominanz der Immergleichen“ bzw. der „Monopolisierung des Erfolgs“ (Biermann 2022, 144, 232).

nahme kann daher nicht erfolgen. Ausgliederungen einzelner Abteilungen mit dem Ziel, die Attraktivität für Investoren zu erhöhen, finden nicht statt.

Insgesamt verläuft die allmählich voranschreitende Professionalisierung des Frauenfußballs – intendiert oder nicht-intendiert – eindeutig in eine bestimmte Richtung. Dieser Wandel auf nationaler Ebene vom traditionellen Vereins- zum aktuellen Investorenmodell entspricht dem im internationalen Vergleich zu beobachtenden Trend, auf den ich später noch ausführlich eingehe: 18 der 20 umsatzstärksten Vereine verfügen inzwischen auch über eigene Frauenmannschaften, die in ihren nationalen Ligen spielen – und diese dominieren (Deloitte 2021, ähnlich FIFA 2021). In Deutschland erfolgen erst spät finanzielle Unterstützungsleistungen durch einige der großen Lizenzvereine, die dadurch zu wichtigen *stakeholdern* des Frauenfußballs werden. In anderen Ländern, vor allem in England, aber auch in Frankreich und Spanien, fanden ähnliche Entwicklungen früher statt.

Die einzelnen Lizenzvereine gehen im Rahmen der Kosten-/Nutzenkalküle ihrer Geschäftsmodelle in unterschiedlichem Maße vor allem finanzielle, aber auch organisatorische Verpflichtungen im Frauenfußball ein.[42] Es gibt Vorreiter und Nachzügler sowohl in Bezug auf den Zeitpunkt als auch den Umfang des Engagements. Ein früher Einstieg führt – im Sinne des *first mover advantage* – zu einem deutlichen Vorsprung bei Aufbau und Entwicklung sowie bei späteren Erfolgen der Frauenmannschaft.[43]

Festzuhalten bleibt allerdings, dass diese Investitionen einiger großer Lizenzvereine einerseits in absoluten Beträgen in Anbetracht ihrer Steigerungen einerseits durchaus beträchtlich sind, andererseits sich aber in Relation zu den Bilanzsummen in zwei- oder

---

42 Außerdem können sie auch Frauenmannschaften in anderen Sportarten, wie Handball oder Basketball, unterstützen.

43 Insofern gilt die für den Männerfußball wiederholt empirisch belegte Regel, „Geld schießt Tore“ (Wilkesmann 2014), auch für den Frauenfußball, zwar nicht in jedem Einzelfall bzw. Spiel, wohl aber im Aggregat.

sogar dreistelliger Millionenhöhe[44] nach wie vor in einer durchaus überschaubaren Größenordnung bewegen.

3.2 Unterschiedliche Reaktionen

In den vergangenen Jahren erfolgten unterschiedliche Reaktionen auf diese Entwicklungen in Form von Zusammenschlüssen bzw. Kooperationsabkommen zwischen Vereinen. Diese Rückwirkungen weisen zwar Unterschiede in ihrer Motivation auf und nehmen divergierende Muster an; ihre Konsequenzen weisen aber in ähnliche Richtungen, indem sie externe Sogwirkungen entfalten, d.h. einen Verdrängungswettbewerb initiieren und dadurch die Strukturen der gesamten Liga verändern:

Einige selbstständige Frauenvereine schließen sich Lizenzvereinen an oder schließen Kooperationsverträge. Sie verfügen dadurch über mehr Ressourcen zum Auf- und Ausbau ihrer sportlichen Infrastrukturen und erhoffen sich eine Verbesserung ihrer Wettbewerbsbedingungen.[45] Prominente Beispiele sind: Der in den 2000er Jahren überaus erfolgreiche FCR Duisburg 2001 schloss sich in der Saison 2013/2014 dem MSV Duisburg an. Der 1. FFC Frankfurt, der erfolgreichste Verein früherer Jahre, löste sich offiziell auf und schloss sich 2020 Eintracht Frankfurt an. Der 1. FFC Turbine Potsdam, ein anderer, in früheren Jahren überaus erfolgreicher „Traditionsverein“, schloss ein auf mehrere Jahre (2020–2023) angelegtes Kooperationsabkommen mit Hertha BSC Berlin.

Insgesamt handelt es sich in der üblichen Terminologie der ökonomischen Forschung, die sich vor allem mit Unternehmen befasst, (wohl eher) um *acquisitions,* d.h. um Anschlüsse eines

---

44 https://media.dfl.de/sites/2/2022/05/Clubs-der-Bundesliga-2022-23-Geschaefts-jahresende-2021.pdf

45 Diese Entscheidungen, die Unabhängigkeit aufzugeben, haben wohl eher den Charakter von Vernunftehen als von Liebesheiraten.

kleineren an einen größeren Verein, als um echte *mergers,* d.h. um Zusammenschlüsse tatsächlich gleichberechtigter Vereine.[46]

Weitere Lizenzvereine, vor allem RB Leipzig, aber auch VfB Stuttgart, Intensivieren ebenfalls ihre Aktivitäten und engagieren sich stärker – bzw. investieren mehr – in den Frauenfußball mit dem Ziel, dass ihre Mannschaften in absehbarer Zukunft in die Bundesliga aufsteigen. Der VfB Stuttgart schließt mit einem regionalen Partnerverein einen Kooperationsvertrag zur Zusammenarbeit im Mädchen- und Frauenfußball, um diesen Bereich „auf- und auszubauen". Die Aufbauarbeit der neuen Abteilung soll (auch) dazu führen, perspektivisch „im professionellen Bereich" zu spielen. Der Verein übernimmt die Spielberechtigung für die Regionalliga, wodurch die Dauer des geplanten Aufstiegs abgekürzt werden soll.

Andere Lizenzvereine, wie der Hamburger SV, bemühen sich nach längeren Phasen der Abstinenz wieder stärker um das „Projekt Frauenfußball".[47] Fortuna Düsseldorf schließt eine Kooperationsvereinbarung, die Basis-, Talent- und Spitzenförderung umfasst, mit anderen Vereinen („AG Frauenfußball in Düsseldorf"). Der Verein gründet eine Mädchen- und Frauenfußballabteilung und beabsichtigt, ab der Saison 2022/2023 mit zunächst drei eigenen Mannschaften den Spielbetrieb in den untersten Klassen aufzunehmen. Mainz 05 geht für die Saison 2022/2023 eine Kooperation mit dem TSV Schott Mainz ein, dessen erste Mannschaft in der Regionalliga spielt, und übernimmt die Spielberechtigung für die dritte Liga. Ab der Saison 2023/2024 sollen alle Mannschaften, die vorher dem TSV angehörten, mit Trikots und Logos von Mainz 05 antreten.

---

46 Zu den unterschiedlichen Folgen verschiedener Grade der Integration am Beispiel Englands Welford 2008. Gegenläufige Entwicklungen, also Trennungen von dominierenden Vereinen, finden derzeit nicht statt.

47 „Die Fußballerinnen des HSV – Der schwere Weg zurück" (https://www.ardmediathek.de/video//video/sportclub/die-fussballerinnen-des-hsv/ndr/Y3JpZDovL25kci5kZS9lZjJjY2UwNy0zZWRkLTQ2NTgtYjU3Yi01YTNjNjI2ODllYjI).

Weitere große Lizenzvereine geraten durch diese Entwicklungen zunehmend unter Druck von Teilen ihrer Vereinsmitglieder, *stakeholdern* und Öffentlichkeit. Sie entschließen sich, intern auf strategische Diversifikation zu setzen. So bauen Borussia Dortmund[48] und Schalke 04[49], die lange Zeit zögerten bzw. sich weigerten, inzwischen doch Mädchen- und Frauenabteilungen in ihren bislang reinen Männervereinen auf. Diese Entwicklungsprojekte beabsichtigen primär nicht die verstärkte Förderung des Breiten- bzw. Amateursports, sondern verfolgen das Ziel, mit ihren ersten Frauenmannschaften zwar anfangs in den niedrigsten Ligen, den Kreisklassen, anzutreten, aber ihre Aufwärtsentwicklung zu verstetigen und langfristig – trotz antizipierter, zunehmender Schwierigkeiten in den höheren Klassen – in die erste Bundesliga aufzusteigen. Die infrastrukturellen und finanziellen Voraussetzungen für sportliche Erfolge sind – bei anfangs geringen Investitionen – deutlich besser als die kleinerer Vereine

Eine grundsätzlich denkbare Kooperation mit kleineren Vereinen, wie sie andere Lizenzvereine eingehen, schließen beide ebenso aus wie die mögliche Übernahme von Lizenzen kleinerer Vereine zum „Quereinstieg" bzw. zur Abkürzung ihres langfristig angelegten Vorhabens eines „Durchmarschs" in die erste Bundesliga. Diese traditionsreichen Lizenzvereine sind aufgrund ihrer großen Popularität attraktiv für – auch überdurchschnittliche – Spielerinnen, obwohl sie zumindest anfangs keine Gehälter, sondern nur gelegentliche oder regelmäßige Aufwandsentschädigungen zahlen.

---

[48] https://www.schwatzgelb.de/artikel/2020/im-gespraech-mit/interview-frauenfussball „Die Spielerinnen dürfen sich nicht wie Stiefkinder fühlen". Vgl. auch https://www.kicker.de/jetzt-hoeren-fe-male-view-on-football-mit-hans-joachim-watzke-und-svenja-schlenker-874792/artikel sowie https://www.dw.com/de/frauenfußball-hype-nicht-versanden-lassen/a-62890109 „Frauenfußball-Hype nicht versanden lassen". Für den BVB gilt: „(In a fan survey, B. K.) 11,000 responses were received, with strong support for starting a team. The majority of fans believe the team should start from the bottom of the women's football pyramid, with the long-term aim of becoming a successful top-tier club." (UEFA 2022, 35)

[49] Schalke 04 richtet neben der Breitensportabteilung eine „Direktion Fußball Frauen" ein.

Insgesamt befinden sich diese Lizenzvereine in der Frühphase ihrer langfristig angelegten Professionalisierungsstrategien, die den Auf- und Ausbau weiterer (auch Jugend-)Mannschaften einschließen. Allerdings haben diese Projekte vor allem mittel- und langfristig (vereins-)externe Konsequenzen: Für kleinere Vereine der Region können sich Probleme bei der Rekrutierung bzw. durch Abwanderung von Spielerinnen ergeben.

Explizit festzuhalten ist die Tatsache, dass inzwischen die meisten Lizenzvereine, deren Männermannschaften in den Bundesligen spielen, auch über Frauenmannschaften verfügen.[50] Insofern war keine formale Vorgabe, etwa durch den Dachverband im Rahmen des Lizenzierungsverfahrens, notwendig. Informeller Druck verschiedener Gruppen genügte zur Erreichung des formalen Ziels, womit allerdings eine vollständige Integration noch nicht unbedingt erreicht ist.

Das Engagement der einzelnen Lizenzvereine ist, wie bereits erwähnt, nach wie vor ungleich verteilt bzw. in einer der umsatzstärksten Ligen Europas insgesamt nicht deutlich ausgeprägt. In Anbetracht der Gesamtetats bzw. Bilanzsummen der Lizenzvereine in zwei- oder sogar dreistelliger Millionenhöhe dürfte größeres bzw. höheres Engagement mit nachhaltigem Charakter im Rahmen veränderter Geschäftsmodelle bzw. ganzheitlicher „Vereinsphilosophien" möglich sein.

Motivation und Höhe der Investitionen sind zwar unterschiedlich, ihre Zielvorstellungen allerdings ähnlich.[51] Die UEFA weist auf ein wirtschaftliches Problem hin: „The cost of setting up a women's football team is currently relatively low, but it is increas-

---

50 Die einzige Ausnahme ist Hertha BSC Berlin, die, wie erwähnt, mit Turbine Potsdam ein bis Ende der Spielzeit 2022/2023 geltendes Kooperationsabkommen hat, das u. a. finanzielle Unterstützungsleistungen einschließt. 2022 erfolgte die Gründung einer eigenen Frauenfußballabteilung, die mit der Spielzeit 2023/2024 den Spielbetrieb aufnehmen soll.

51 Bedenken, die sich aus den unterschiedlichen Rechtsformen der Vereine ergeben und Ausgaben für nicht-satzungsgemäße Ziele beanstanden können, haben faktisch keine Bedeutung.

ing as the game becomes more professional." (UEFA 2022, 28). Zu Beginn des Vorhabens ist mit Verlusten zu rechnen.

3.3 Folgen

Derzeit ist noch unklar, welche Konsequenzen diese skizzierten Entwicklungen für die etablierten Strukturen auf Vereinsebene bzw. die Unabhängigkeit im neuen erweiterten Umfeld haben werden. Eine Studie über die Situation in England empfiehlt,

> that the structure of women's football should be flexible enough to accomodate both independent and linked teams. As part of this, evidence was received that the structure of the women's game should ensure that if men's teams do support women's teams the independent women's teams should not be unduly disadvantaged (Department for Digital, Culture, Media & Sport 2021, 126; ähnlich Culvin 2021).

Ob dieses Vorhaben tatsächlich gelingt oder doch zu Lasten der selbstständigen Frauenvereine geht, bleibt abzuwarten. Neben den genannten Vorteilen besteht „gleichzeitig auch die Schwierigkeit, sich als eigenständige ‚Marke' Frauenfußball zu platzieren" (Selmer 2012, 163).

Diese durchaus unterschiedlichen Aktivitäten können sich in Richtung einer (noch) deutlicheren Dominanz einzelner Lizenzvereine fortsetzen und die derzeit bereits in erheblichem Maße ungleichen Wettbewerbsbedingungen weiter stabilisieren oder sogar noch stärker verzerren. Sie können nicht nur die Tabellenplatzierung beeinflussen, sondern in offenen Ligen, wie sie in den europäischen Ländern üblich sind, auch Aufstiege erleichtern bzw. erst ermöglichen und Abstiege erschweren bzw. sogar verhindern. Die bereits bestehende „Mehr-Klassen-Liga" kann sich zu Lasten der wenigen unabhängigen Vereine verfestigen und sogar zur faktischen „Zwei- oder Drei-Klassen-Liga“ mit denselben dominierenden Vereinen mutieren.[52]

Zwar gab es auch in früheren Entwicklungsphasen des Frauenfußballs wiederholt Verdrängungseffekte bei den Spitzenmannschaften. Inzwischen sind allerdings alle kleineren „Traditionsvereine“, die noch in den 1990er Jahre nationale Titel gewannen, längst aus dem professionalisierten Spielbetrieb ausgeschieden.

Von den zwölf Vereinen, die 1997/1998 in der ersten Saison der eingleisigen ersten Bundesliga vertreten waren (Hennies/Meuren 2011, 444), spielen in der Saison 2021/2022 nur noch zwei in dieser Liga, wie erwähnt, der FSV Frankfurt/1. FFC Frankfurt, inzwischen als Eintracht Frankfurt, und Turbine Potsdam. Meistermannschaften der 1990er Jahre, wie TSV Siegen, TuS Niederkirchen, GW Brauweiler, sind längst aus dem professionalisierten Spielbetrieb ausgeschieden. Im Gegensatz zum Männerfußball erheben Traditionsvereine nicht den Anspruch, „eigentlich“ in die erste Bundesliga zu gehören.

Insgesamt gilt:

> The FBL (Frauen-Bundesliga, B. K.) has seen a substantial turnover in terms of team composition. More than 40 percent of all teams promoted to the FBL have been immediately relegated and less than one fifth of the teams has survived more than 11 seasons … (Meier 2021, 48)

[52] Ob es anderen kleineren Vereinen gelingen kann, sich durch geschicktes Management dauerhaft im (teil-)professionalisierten Fußball zu etablieren, sei dahingestellt. Viktoria Berlin (https://www. fcviktoria.com) ist ein bekannter aktueller Versuch mit dem Anspruch, mittelfristig nach US-amerikanischem Vorbild zum *game changer* zu werden.

Tabelle 1: Abschlusstabelle Saison 1997/1998

Platz	Verein	Spiele	Tore	Punkte
1	FSV Frankfurt	22	80:19	56
2	SG Praunheim	22	58:22	50
3	FCR Duisburg 55	22	57:22	47
4	Grün-Weiß Brauweiler (M/P)	22	35:28	39
5	Sportfreunde Siegen	22	46:23	38
6	SSV Turbine Potsdam	22	34:43	30
7	FC Eintracht Rheine	22	28:32	29
8	1. FC Saarbrücken	22	32:41	29
9	TuS Niederkirchen	22	26:44	20
10	SC 07 Bad Neuenahr (N)	22	23:49	19
11	SC Klinge Seckach	22	23:58	18
12	Hamburger SV (N)	22	17:78	5

Quelle: https://de.wikipedia.org/wiki/Fußball-Bundesliga_1997/98_(Frauen)

Tabelle 2: Abschlusstabelle Saison 2021/2022

Platz	Verein	Spiele	Tore	Punkte
1	VfL Wolfsburg (P)	22	82:16	59
2	Bayern München (M)	22	78:18	55
3	Eintracht Frankfurt	22	49:26	46
4	1. FFC Turbine Potsdam	22	52:29	43
5	TSG Hoffenheim	22	56:32	41
6	SC Freiburg	22	40:31	32
7	Bayer 04 Leverkusen	22	31:50	22
8	1. FC Köln (N)	22	22:45	22
9	Werder Bremen	22	9:46	18
10	SGS Essen	22	23:41	17
11	SC Sand	22	16:45	13
12	Carl Zeiss Jena (N)	22	9:88	5

Quelle: Kicker 2022

Der aktuelle Trend einer Vormachtstellung weniger Frauenmannschaften großer Lizenzvereine dürfte aufgrund der massiven Umbildung dauerhafter Natur sein. Die notwendige Voraussetzung ist, dass die Förderung durch die Lizenzvereine, die im Prinzip langfristig angelegt ist, auch tatsächlich beibehalten wird. Sie darf nicht, etwa durch die mittel- und langfristigen finanziellen Folgen von Krisen, wie der Covid-19 Pandemie (Frick et al. 2021), gefährdet sein oder bei vereinsspezifischen Krisen, wie Abstiegen oder finanziellen Problemen, zugunsten ihrer Männermannschaften reduziert bzw. aufgegeben werden.[53]

Abbildung 1: Anzahl der Frauenmannschaften von Lizenzvereinen in der 1. Frauen-Bundesliga (Saison 2010/2011 bis 2021/2022)

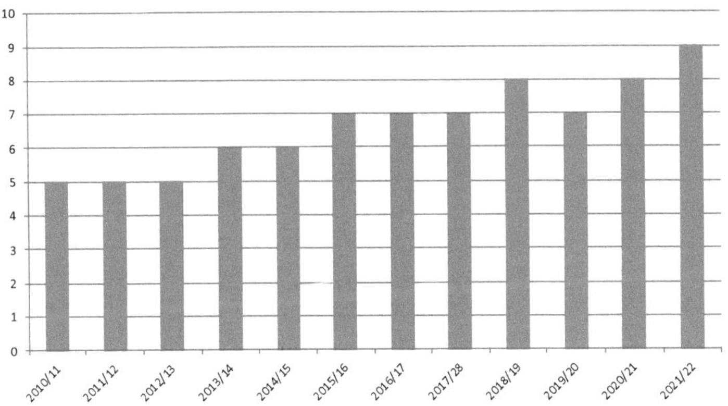

Quelle: DFB 2021a, DFB 2022, eigene Ergänzung

Ob andere Mannschaften – erstmals oder nach Unterbrechungen wieder – zur Ligaspitze aufschließen können, bleibt abzuwarten; die Entwicklung hängt ab von der Bereitschaft „ihrer“ Lizenzver-

53 Einige prominente Beispiele der Vergangenheit sind VFL Bochum, Hamburger SV und Schalke 04.

eine, nicht nur weiterhin langfristig angelegte finanzielle Unterstützung zu leisten, sondern diese sogar zu steigern.[54]

Die Relationen zwischen traditionellen und Lizenzvereinen haben sich im Lauf der 2010er Jahre kontinuierlich verschoben: Die Zahl der Mannschaften von Lizenzvereinen stieg allmählich. In der ersten Bundesliga spielen immer weniger Mannschaften reiner Frauenvereine. In der Spielzeit 2021/2022 sind dies nur noch drei.[55] Wenn Spannung und Attraktivität der Liga erhalten bleiben sollen, stellt sich die Frage, ob bzw. wie lange die traditionell eigenständigen Frauenvereine noch mithalten bzw. konkurrenzfähig bleiben können (zu entsprechenden Perspektive in England Department for Digital, Culture, Media & Sport 2021).

Im Übrigen ist seit der Saison 2021/2022 auch die Belegung des dritten Tabellenplatzes finanziell lukrativ, da er – nach erfolgreicher Qualifikation in K.o.-Runden – zur Teilnahme an der grundlegend umstrukturierten Women's Champions League berechtigt, auf die ich später eingehe.[56]

Kleinere Vereine, die sich nicht entschließen, Kooperationen oder sogar Fusionen mit Lizenzvereinen einzugehen, verfügen über deutlich geringere Möglichkeiten nicht nur beim notwendigen Ausbau ihrer Infrastruktur, sondern auch über geringere personelle Ressourcen in Form hauptamtlicher, festangestellter Mitarbeiter. Einige Vereine sind inzwischen aufgrund ökonomischer Notwendigkeiten „Ausbildungsvereine" bzw. „Kaderschmieden". Gemäß ihres konzeptionellen Selbstverständnisses im *war for talents* sichten sie im Rahmen ihrer umfangreichen *scouting*-Aktivitäten früh junge, talentierte Spielerinnen vor allem aus der Region,

---

54 Der 1. FFC Frankfurt/Eintracht Frankfurt, einer der vormals dominierenden Vereine des Frauenfußballs, sowie TSG Hoffenheim sind prominente Beispiele für diese Möglichkeit – und (wohl) zugleich auf mittlere Sicht sogar die einzigen Kandidaten.

55 SGS Essen, FC Carl Zeiss Jena und SC Sand.

56 In der Saison 2021/2022 Bayern München sowie nach erfolgreicher Qualifikation VFL Wolfsburg und TSG Hoffenheim, in der Spielzeit 2022/2023 VFL Wolfsburg und Bayern München; Eintracht Frankfurt schied im Qualifikationsturnier aus.

statten sie mit möglichst langfristigen (Ausbildungs-)Verträgen aus und fördern mittel- und langfristig durch ihre intensivierte Jugend- und Nachwuchsarbeit die sportliche und persönliche Entwicklung. Sie entwickeln ihre Fähigkeiten sukzessiv bis zu Einsätzen in ihren Bundesligamannschaften, um sie später durch geschickte Transferpolitik an finanzstärkere große Lizenzvereine abzugeben – bzw. aus Gründen des finanziellen Überlebens abgeben zu müssen.[57] Weiterhin kann eine geschickte Transferpolitik sowie ihre Bedeutung in der Region ihre Existenz in der Bundesliga sichern.

In der, wie bereits erwähnt, erst in der Saison 2004/2005 gegründeten, anfangs sowie während der Covid-19 Pandemie vorübergehend zweigleisigen, seit der Saison 2021/2022 wieder eingleisigen zweiten Bundesliga spielen insgesamt 14 Vereine.[58] Die Zusammensetzung dieses „Unterbaus" der ersten Bundesliga ist (derzeit noch etwas) ausgeglichener als die der ersten.[59] Neben ersten Mannschaften spielen vor allem zweite Mannschaften von Lizenzvereinen, die nicht aufsteigen können, sowie Mannschaften kleinerer Vereine.[60] Vor allem Letztere können jedoch aus Kostengründen, die u. a. durch die notwendigen weiten Fahrten zu Auswärtsspielen entstehen, kaum zwei Mannschaften in den beiden Bundesligen finanzieren. Der Abstieg aus der ersten Bundesliga ist

---

57 Die SGS Essen (https://www.sgs-essen) ist ein häufig genanntes Beispiel aus dem Bereich der Frauenvereine. Vgl. https://www.msn.com/de-de/sport/fussball/es-wird-ein-hauen-und-stechen-sgs-essen-trainer-markus-högner-im-gespräch/ar-AA11tzsd. Der SC Freiburg ist ein weiteres Beispiel aus dem Bereich der Lizenzvereine.

58 Vgl. zu Einzelheiten https://de.wikipedia.org/wiki/2. Frauen-Bundesliga.

59 Neben der ersten Mannschaft von RB Leipzig spielen in der Saison 2021/2022 vier zweite Mannschaften von Lizenzvereinen in der zweiten Bundesliga sowie zwei erste Mannschaften von Zweitligisten. Die zweiten Mannschaften können, ähnlich wie in den Männerligen, zu einer Art Wettbewerbsverzerrung führen, da sie durch den Einsatz bestimmter Spielerinnen Platzierungen in der Tabelle beeinflussen können.

60 Im Rahmen der hierarchischen Organisation des Spielbetriebs bestehen unterhalb der zweiten Bundesliga fünf Regionalligen sowie Verbands-, Landes- und Kreisligen.

mit erheblichen finanziellen Verlusten verbunden, da die Zahlungen des DFB aus der zentralen Ligavermarktung in der zweiten Bundesliga deutlich geringer ausfallen.

Tabelle 3: 1. Männerbundesliga/1. Frauenmannschaft (Saison 2021/2022)

1. Männermannschaft	**1. Frauenmannschaft**
FC Augsburg	Bezirksliga
Hertha BSC Berlin	2020 – 2023 Kooperation mit Turbine Potsdam
Union Berlin	Regionalliga Nordost
Arminia Bielefeld	Regionalliga West
VfL Bochum	Regionalliga West
Borussia Dortmund	Kreisklasse
Eintracht Frankfurt	Bundesliga
SC Freiburg	Bundesliga
Greuther Fürth	Bayernliga
TSG Hoffenheim	Bundesliga
1.FC Köln	Bundesliga
RB Leipzig	2. Bundesliga
Bayer Leverkusen	Bundesliga
FSV Mainz 05	keine FF-Abteilung
Borussia M'gladbach	Regionalliga West
FC Bayern München	Bundesliga
VfB Stuttgart	2021 Gründung einer FF-Abteilung
VfL Wolfsburg	Bundesliga

Quelle: eigene Darstellung

Nicht nur *innerhalb* sondern gerade auch *zwischen* den beiden Ligen, die, wie im europäischen Sportbetrieb üblich, durch Auf- und Abstiege verbunden sind, bestehen nach wie vor erhebliche Unterschiede in der Leistungsdichte, die sich in Anbetracht der gegebenen (Finanzierungs-)Strukturen kaum verringern werden und die *compe-*

titive balance des Profifußballs beeinflussen. In der zweiten Bundesliga spielen einige Mannschaften kleinerer Vereine aufgrund fehlender Ressourcen nicht unter professionellen, sondern unter (mehr oder weniger reinen) Amateurbedingungen, was für die Spielerinnen – bei erheblichem Zeitaufwand für Training und Spiele – geringe Entgelte im Sinne reiner Aufwandsentschädigungen bzw. wenige Sachleistungen bedeutet und ihre hohe intrinsische Motivation voraussetzt.

Diese erheblichen, aktuell sogar zunehmenden Unterschiede der Leistungsdichte nicht nur zwischen, sondern auch innerhalb der beiden Ligen sind für die Professionalisierung des gesamten Frauenfußballs nicht förderlich. Notwendig wäre ein subsistenzsicherndes (Mindest-)Entgelt, das die ausschließliche Konzentration auf den Profisport und damit eine individuelle und kollektive Leistungssteigerung ermöglichen würde.

Tabelle 4: 2. Frauen-Bundesliga/1. Männermannschaft (Saison 2021/2022)

2. Bundesliga Frauen	**1. Männermannschaft**
SG Andernach	Rheinlandliga
Borussia Bocholt	Kreisliga A
MSV Duisburg	3. Liga
SV Elversberg 07	Regionalliga
Eintracht Frankfurt II	Bundesliga
FSV Gütersloh 2009	keine Männermannschaft
SV Henstedt-Ulzburg	Landesliga
TSG Hoffenheim II	Bundesliga
FC Ingolstadt 04	2. Bundesliga
RB Leipzig	Bundesliga
SV Meppen	3. Liga
Bayern München II	Bundesliga
1. FC Nürnberg	2. Bundesliga
VfL Wolfsburg II	Bundesliga

Quelle: eigene Darstellung

Der gelegentlich unterbreitete Vorschlag, wie etwa in England oder Frankreich üblich, den Lizenzvereinen im Rahmen des für alle Vereine der ersten und zweiten Bundesliga geltenden Lizenzierungsverfahrens für den Spielbetrieb (Wilkesmann et al. 2011) auch verbindliche Auflagen zur Förderung des Frauenfußballs zu machen, stößt auf rechtliche Bedenken. Freiwilliges Engagement, etwa durch Zahlungen aus der Vermarktung der Medienrechte, stellt in Anbetracht dieser Situation durchaus eine Alternative dar. Eine andere, bisher nicht realisierte Möglichkeit wären freiwillige Unterstützungsleistungen an bestehende kleinere Vereine statt der Gründung bzw. Förderung eigener Frauen- und Mädchenabteilungen seitens der Lizenzvereine. Insgesamt ist die im Vergleich zu früheren Phasen deutliche Steigerung der Etats nach wie vor unzureichend für die weitere Entwicklung in Richtung Selbstständigkeit.

3.4 Finanzielle Voraussetzungen

3.4.1 Entwicklung der Zuschauerzahlen

Eine englische Studie skizziert das generelle Problem:

> The global soccer market has seen a growth in the professionalization of women's teams and as a result, spectatorship and fandom have augmented. Women's soccer was historically perceived as a taboo; however, stakeholder support has generated visibility and enhanced commercialization opportunities. (Leslie-Walker/Mulvenna 2022, 314).

Wichtige Elemente einer Analyse des Frauenfußballs sind die Zuschauer. Indikatoren für die finanzielle Entwicklung sind vor allem die Zuschauerzahlen, die ich zunächst behandle, sowie Fernsehübertragungen, auf die ich später eingehe. Nach der bereits erwähnten Einführung der eingleisigen ersten Bundesliga in der Spielzeit 1997/1998 waren die Zuschauerzahlen zunächst sehr niedrig.

In den frühen 2010er Jahren stiegen sie allmählich auf mehr als 1.000 pro Spiel (Littkemann/Pankratz 2019). Sie gingen allerdings seit den mittleren 2010er Jahren, also bereits vor der Ausnahmesituation der „Geisterspiele" während der Covid-19 Pandemie, wieder deutlich zurück (FIFPRO 2020, DFB 2021a).

Eine der wenigen empirischen Untersuchungen resümiert:

> Aggregate attendance has increased substantially over the period examined (1998/1999 – 2011/2012, B. K.). However, there is no continuous growth of attendance at the club level. Consumers' loyalty appears to play a dominant role for FBL (Frauen-Bundesliga, B. K.) attendance but consumer demand responds to the quality of the involved teams, the relevance of matches for championship outcomes as well as costs and weather conditions. Host site characteristics appear to play a minor role. (Meier et al. 2016a, 1)

Die Zuschauerzahlen betragen derzeit durchschnittlich wieder deutlich weniger als 1.000 pro Spiel[61] und liegen unter denen anderer nationaler Ligen großer Länder, vor allem der Women's Super League in England und der Division 1 Féminine in Frankreich (Klein 2018). Aufgrund dieser wieder abnehmenden Nachfrage bzw. des geringen Interesses – sowie der wie in anderen nationalen Ligen moderaten Ticketpreise – bleibt der Gesamterlös aus dem Ticketverkauf gering. Die in den vergangenen Jahren erhöhte öffentliche Aufmerksamkeit führt – jedenfalls bisher – nicht zu höheren Zuschauerzahlen. M. a. W.: Frauenfußball als Zuschauersport stößt nach wie vor nur auf geringes Interesse; ein langfristig positiver Entwicklungstrend ist derzeit nicht zu erkennen. „Thus, the FBL represents still a niche product targeting mainly diehard fans." (Meier 2021, 69)

---

61 Erhebliche Unterschiede bestehen zwischen den Vereinen. In der Spielzeit 2021/2022 hatten nur drei Vereine mehr als 1000 Zuschauer pro Spiel, andere nur wenige hundert. Die Spiele finden in der Regel in relativ kleinen Stadien statt.

Abbildung 2: Zuschauerzahl pro Spiel (Saison 2006/2007 bis 2021/2022)

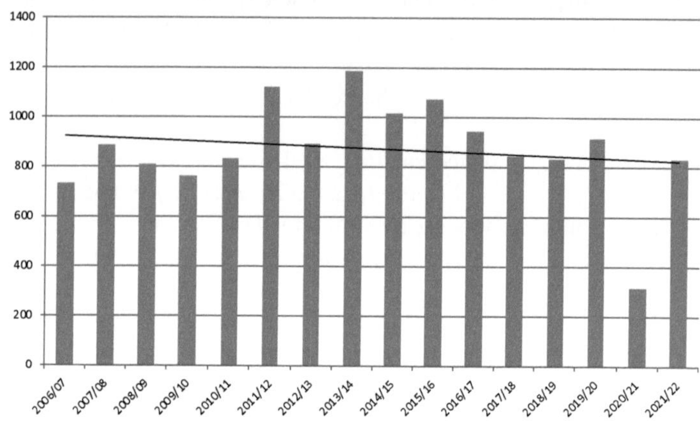

Quellen: Littkemann/Pankratz 2019, FIFPRO 2020, DFB 2021a, DFB 2022, eigene Ergänzung

Anmerkung: Ab dem 17. Spieltag der Saison 2019/2020 waren bis zum Saisonende keine Zuschauer in den Stadien mehr zugelassen.

Saison 2020/2021: Corona-Saison

Dieses nach wie vor geringe Interesse an „passiver Partizipation“ vor allem bei den Ligaspielen ist ein strukturelles Problem, das die weitere Entwicklung vom „Familienfest“ zum „Publikumssport“ hemmt, wenn nicht sogar verhindert. Zusammenfassend gilt:

> …there is substantial evidence for the idea that the FBL (Frauen-Bundesliga, B. K.) might represent a niche product targeting mainly dedicated die-hard fans as habit persistence or consumer loyalty plays a central role for explaining match attendance (Meier et al. 2016a, 15).

Loyalität der „Stammkunden" ist eine relevante Bestimmungsgröße.[62]

Tabelle 5: Zuschauerzahl pro Verein (Saison 2021/2022)

Verein	**Spiele**	**Zuschauer/Spiel**	**Gesamt**
E. Frankfurt	11	1.576	17.340
Potsdam	11	1.205	13.251
Köln	11	960	10.563
Bayern	10	986	9.859
Wolfsburg	8	1.169	9.351
SC Sand	11	778	8.557
SGS Essen	10	836	8.364
Freiburg	11	758	8.343
Hoffenheim	10	665	6.646
Bremen	11	365	4.020
Leverkusen	11	333	3.665
Jena	9	367	3.305

Quelle: Kicker 2022

Anmerkung: Bei der Zuschauerzahl pro Verein und bei der Auslastung werden nur Spiele berücksichtigt, die vor Publikum ausgetragen wurden.

Zwischen den Vereinen bzw. Mannschaften bestehen deutliche Differenzen in Bezug auf Zahl und Zusammensetzung der Stadionbesucher; sie schätzen „vor allem die familiäre Atmosphäre, die ehrlichere Spielweise und die Nähe zu den Spielerinnen" (Littkemann/Pankratz 2019, 1)[63] Eine Studie zum Stadionbesuch bei Spielen der Women's Champions League resümiert in ähnlicher Form:

---

62 Vgl. zu notwendigen strategischen Marketingmaßnahmen zur Steigerung des Zuschauerinteresses Zimmermann/Klein 2014.

63 Eine andere Studie schlußfolgert: „Regarding women's soccer it can be said that the more interesting, exciting and cheerful it is perceived to be, the higher the interest in attending matches." (Hallmann 2012, 33)

> Findings show that there is no continuous growth of attendance over the period examined (2009/10 and 2017/18, B. K.), and highlight that spectators' interest is positively associated with five factors: stage of the competition, uncertainty of match outcome, competitive intensity, away club's reputation and weather conditions. (Valenti et al. 2019, 509)

Die Zusammensetzung des Publikums ist geschlechts- und altersspezifisch heterogener als beim Männerfußball. Im Gegensatz zum Männerfußball gibt es – bei insgesamt niedrigen Zuschauerzahlen – nur wenige Fans.[64] Diese schmale Basis bedingt, dass sich eine eigenständige Fankultur mit gewissen Organisationsstrukturen bisher kaum entwickeln konnte. Das in Bezug auf den Männerfußball häufig analysierte Verhalten verschiedener Fangruppen wurde bisher auch in Deutschland für den Frauenfußball nur selten untersucht (zusammenfassend Selmer 2012).[65] Hooligans und/oder Ultras sind ebenso unbekannt wie Zuschauerausschreitungen und massive Gewaltvorkommnisse oder der (als durchaus problematisch zu betrachtende) Einsatz von Pyrotechnik bei Ligaspielen.

Im internationalen Vergleich sind Frauen unter den organisierten Fans unterrepräsentiert: „Football's difficulty to integrate female fans has a consequence on how the fandom of women's teams develops. Women's football has only few supporters. Most interestingly, women are even less interestes in women's football than men!" (FREE 2015, 1.4.)

Die wiederholt in den Medien hervorgehobenen, ungewöhnlich hohen Zuschauerzahlen bzw. -rekorde bei einigen internationalen Spielen, vor allem bei den *mega events* der EM, WM oder CL, dürfen nicht über das grundlegende Problem der anhaltend geringen

---

64 Grundlegend zum Interesse von Frauen am (vor allem Männer-)Fußball Gebauer 2006, 85–96.

65 Ausnahmen sind Pfister et al. 2015 sowie Pfister/Pope 2018 („Female Football Fans and their Experiences") mit weiterer Literatur. International vergleichend auch im Rahmen von Football Supporters Europe. https://www.fan-tastic-females.org

Zuschauerzahlen bzw. niedrigen Einschaltquoten beim Ligabetrieb hinweg täuschen. Insofern stagniert die Entwicklung auf nationaler Ebene seit einer Reihe von Jahren.

3.4.2 Entwicklung der Etats

Die Höhe der Vereinsetats wird durch drei Einnahmequellen bestimmt: Eintrittskarten, Sponsoring und Übertragungs- bzw. Medienrechte. In diesem Rahmen resultiert der wesentliche Teil der Einnahmen nicht aus dem Verkauf von Tickets, deren Erlös aufgrund der geringen Zuschauerzahlen niedrig bleibt und die zudem – mit einem Höchstpreis von ca. zehn Euro – im Vergleich zum Männerfußball recht günstig sind, wobei u. a. noch zusätzliche Familienrabatte gewährt werden. Wichtiger sind Werbung, mediale Vermarktung, d. h. Gelder aus den Rechten der Fernsehübertragungen, sowie sonstige Einnahmen (DFB 2021a, international vergleichend ECA 2014). Die Gründe für die skizzierten, parallel verlaufenden Entwicklungen sind eindeutig: Die Etats der Lizenzvereine weisen erhebliche Unterschiede auf; sie reichen von weniger als 500.000 bis zu mehreren Mio. Euro pro Saison.

Die Entwicklungen bestimmter Kennziffern können als Indikatoren der Professionalisierung gelten. Seit den späten 2010er Jahren sind – allerdings ausgehend von einem niedrigen Niveau – deutliche finanzielle Zuwächse bis zu historischen Höchstständen sowohl bei Erträgen als auch Aufwendungen zu verzeichnen, wie die (erst) seit 2021 veröffentlichten „Saison-Reports Frauen-Bundesliga" zeigen:

In der Saison 2019/2020 stiegen – trotz des temporären Lockdowns während der Covid-19 Pandemie – die Gesamterträge auf 1,1 Mio. Euro pro Verein.[66] Allerdings nahmen die Gesamtaufwen-

[66] Die Erträge verteilten sich in der Saison 2019/2020 folgendermaßen: Spielertrag 6 %, Werbung einschl. Zentralvermarktung 53 %, mediale Verwertung 8 %, sonstiger Ertrag 33 % (DFB 2021a, 63). Diese Beträge machen trotz der deutlichen Zuwächse immer noch nur einen Bruchteil der Umsätze im Männerfußball aus, die

dungen auf 2,1 Mio. Euro pro Verein zu, wobei der „Personalaufwand Spielbetrieb" – mit dem Ziel der Steigerung der Wettbewerbsfähigkeit – 1,19 Mio. (56%) pro Verein betrug.[67] Der Gesamtertrag der Liga stieg auf 13,25 Mio. Euro.

In der Saison 2020/2021 nahmen diese Kennziffern weiter zu, d.h. die Erträge pro Verein auf über 1,2 Mio. Euro, die Gesamtaufwendungen auf fast 2,5 Mio. Euro sowie der „Personalaufwand Spielbetrieb" auf 1,35 Mio., wobei erhebliche Unterschiede zwischen den Vereinen bestehen.[68] Der Gesamterlös der Liga betrug mehr als 15 Mio. Euro, was vor allem auf eine deutliche Steigerung bei den Sponsoringerträgen zurückzuführen ist (DFB 2022).

Allerdings ist die „Entwicklung Saisonergebnis" negativ. Die Vereine „weisen im Durchschnitt ein negatives Saisonergebnis von fast 1,2 Mio. Euro auf" (DFB 2022, 68). Dabei besteht laut offizieller Analyse des DFB eine spezifische Verteilung zwischen Lizenz- und anderen Vereinen:

> Die Saisonergebnisse entwickeln sich zwar weiterhin deutlich negativ, doch die Ursache liegt in erster Linie bei den Klubs mit Männerspielbetrieb in den obersten zwei Spielklassen. Die negativen Ergebnisse im Frauenfußball werden hierbei als Investitionen verstanden, da als Gegenleistung zum Mitteleinsatz unter anderem Imagegewinn und Marketingnutzen gesehen werden. Generelle Liquiditätsprobleme entstehen jedoch weiterhin nicht, da diese Klubs die Fehl-

---

bei den finanzstärksten Vereinen im dreistelligen Millionenbereich liegen. Diese Beträge entsprechen im Männerfußball etwa dem Niveau der Regionalligen.

67 In der Saison 2019/2020: Personalaufwand Spielbetrieb 56 %, Spielbetrieb 15 %, sonstiger Aufwand 16 %, Personalaufwand Handel & Verwaltung 4 %, Frauen 2/Mädchen 9 % (DFB 2021a, 66). In der Saison 2020/2021: Personalaufwand Spielbetrieb 55 %, Spielbetrieb 12 %, sonstiger Aufwand 22 %, Personalaufwand Handel und Verwaltung 4 %, Frauen 2/Mädchen 7 %, (DFB 2022, 64).

68 „Five of the 12 clubs have wage levels above that average and seven below it. The ratio between salaries at the best paid club and lowest paid club is around seven to one." (GSSS 2017, 26)

beträge der Frauenfußballabteilung intern ausgleichen können" (DFB 2021a, 72; ähnlich DFB 2022, 69).[69]

Abbildung 3: Entwicklung Saisonergebnis pro Verein in T€ (Saison 2009/2010 bis 2020/2021)

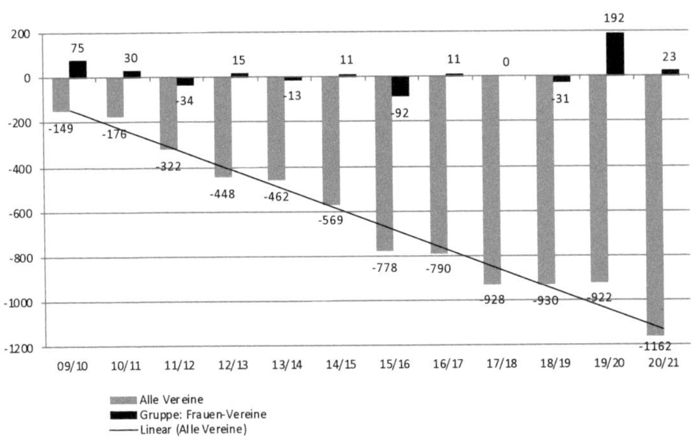

Quelle: DFB 2022

Die Rentabilität im Sinne kurzfristiger Profitmaximierung (*return on investment*) steht also nicht – oder zumindest nicht ausschließlich – im Mittelpunkt der finanziellen Aufwendungen der Lizenzvereine. Vielmehr werden Kalküle einer langfristigen Nutzenmaximierung aus Image- und Marketinggründen, d. h. im nicht ausschließlich betriebswirtschaftlichen Sinn, wichtig.[70] Auch wäh-

69 Die Defizite betrugen durchschnittlich 922.000 Euro in der Saison 2019/2020 (DFB 2021a) sowie 1,16 Mio. Euro in der Saison 2020/2021 (DFB 2022). Der DFB publiziert in seinen Saisonreports nur die (arithmetischen) Mittelwerte, so dass Rückschlüsse auf einzelne Lizenzvereine nicht möglich sind. Plausibel ist die Annahme, dass deutliche Unterschiede zwischen diesen Vereinen bestehen.

70 Eine international vergleichende Studie kommt zu sehr ähnlichen Ergebnissen (FIFA 2021).

rend der Covid-19 Pandemie, die zu vollständigem Zuschauerausschluss bzw. -minderung führte, wurden die Investitionen nicht gekürzt, sondern weitergeführt.

Die (wenigen) reinen Frauenvereine schließen im Gegensatz zu den Lizenzvereinen die Spielzeiten mit einem positiven Saldo ab (DFB 2021a, 2022). Sie können – trotz positiven Eigenkapitals – aber aufgrund der Gesamtverteilung der Ressourcen nur geringe Investitionen vornehmen, so dass die ungleichen wirtschaftlichen Ausgangsbedingungen ihre sportliche Leistungs- bzw. Konkurrenzfähigkeit zunehmend beeinträchtigen. Insgesamt besteht eine hohe positive Korrelation zwischen Etats und Tabellenplatz.

Deutliche Unterschiede in Bezug auf die finanziellen Voraussetzungen bestehen nicht nur *innerhalb*, sondern vor allem *zwischen* den obersten Ligen des hierarchisch organisierten Spielbetriebs. Zwischen erster und zweiter Bundesliga[71] sind sie, ähnlich wie im Männerfußball, deutlich, vor allem wegen der erheblichen Unterschiede der Zahlungen aus der Zentralvermarktung der Liga seitens des DFB an die Vereine. Folgen für Management und Gehälter sowie Spielqualität sind daher zu erwarten.

Derartige aktuelle Entwicklungstrends werden in der sportökonomischen Literatur als Theorie der *competitive balance* behandelt. Sie kann für nationale wie internationale Wettbewerbe bestimmt werden als Resultat einzelner Spiele, Ausgang von Spielzeiten oder als Ergebnis langfristiger Entwicklung. In den meisten Fällen finden Spielzeiten Verwendung als Indikatoren; sie sind der wichtigere Bestimmungsfaktor (zusamenfassend Meier 2021).

Dabei gilt nicht nur für die zumeist analysierten Männerligen: „Achieving competitive balance and uncertainty of outcome have also been key drivers of the economics of sport. Uncertainty of outcome enhances the unknown in terms of a result, which tends to pique fan interest." (Shilbury 2022b,10) Eine häufig getroffene, allerdings nicht unwidersprochene Hypothese besagt, dass ein höherer Grad an Ungewissheit über den Ausgang bzw. größere Wett-

---

71 https://www.bundesliga.com/de/2bundesliga

bewerbsfähigkeit zu mehr Nachfrage von Zuschauern nach dem „Produkt“ und damit zu höheren Einnahmen führt (zusammenfassend Plumley et al. 2022).

In Übereinstimmung mit dieser in ökonomischer Sicht zentralen Hypothese steht die Tatsache, dass die *competitive balance* der Frauen-Bundesliga zugunsten weniger großer Vereine in den vergangenen Jahren abgenommen hat (ähnlich für die Männerligen in England Plumley et al. 2022 sowie für die Mehrzahl der großen nationalen Ligen Bullogh 2018). Anders formuliert: Das Ausmaß des finanziellen und dadurch bedingt des sportlichen Ungleichgewichts zwischen den Vereinen kann sogar weiter zu-, die prinzipiell notwendige Unsicherheit über den Ausgang des Wettbewerbs (*uncertainty of outcome*) hingegen abnehmen.

In international-vergleichender empirischer Perspektive gilt:

> The level of competitive balance in women's football in Europe (England, Germany, and France, B. K.) looks weak. If this leads to competitive balance problems (i. e. lower attendance, ceteris paribus) among women's football in Europe, governing bodies should consider traditional regulations to promote equalization of sporting quality and/or to adjust the framework of the game to better fit women's physiques. (Kringstad 2021, 764)

3.5 Der internationale Wettbewerb: Die Women's Champions League

Die Regelungen der rechtlich-institutionellen Rahmenbedingungen wandeln sich auch im Frauenfußball. Die Vorgabe der Normen für die nationalen Ligen und internationalen Wettbewerbe erfolgt nicht mehr ausschließlich durch autonome Regelsetzung der nationalen Verbände, sondern in zunehmendem Maße auch durch Regulierung auf europäischer Ebene (Niemann/Brand 2008). Damit haben sich die Ebenen in der weitgehenden Autonomie des Sports durch

Selbstregulierung bzw. -steuerung seines Politikfeldes verschoben. Auch die staatlicherseits durch Gesetzgebung vorgegebene Sportpolitik – einschl. der Rechtsprechung – wird wichtiger. Die Bedeutung des Frauenfußballs für Politik bzw. politische Akteure bleibt allerdings deutlich geringer als die des Männerfußballs.

In den frühen 2000er Jahren – und damit wiederum recht spät im Vergleich zum Männerfußball – setzte eine Internationalisierung ein, d. h. eine „Europäisierung" des Vereinsfußballs. Neben die rein nationalen traten neue supranationale, vom europäischen Dachverband, der Union of European Football Associations (UEFA), initiierten Organisationsformen: Zunächst bestand seit der Saison 2001/2002 ein Europapokalwettbewerb für Vereinsmannschaften, der UEFA Women's Cup, an dem nur (einige) Landesmeister teilnahmen. Ab der Saison 2009/2010 löste die UEFA Women's Champions League diesen Wettbewerb ab.[72]

Die Organisation des internationalen Spielbetriebs verändert sich seit den 2010er Jahren mehrfach in Richtung weiterer Standardisierung durch striktere Regulierung – und führt zu einer weiteren Ökonomisierung. 2021 reformierte die UEFA nach längerer Diskussion grundlegend den Austragungsmodus (ECA 2014), der nunmehr dem aktuellen Format der Champions League des Männerfußballs[73] entspricht bzw. ihn kopiert: Nach vorhergehenden ersten und zweiten Qualifikationsrunden findet eine Gruppenphase mit 16 Teams und sechs Spieltagen in Vierergruppen statt, an die sich eine K.o.-Phase mit Viertel-, Halb- und Finale anschließt (zu Einzelheiten UEFA 2022).

Durch diese umfassenden Reformen nehmen mehr Mannschaften teil, auch aus Ländern mit kleineren Ligen, die Anzahl der Spiele nimmt zu, die Sichtbarkeit des Wettbewerbs für Medien, alte und

---

72 https://de.uefa.com/womenschampionsleague/

73 Nicht berücksichtigt werden kann in meinem Kontext die für den Zeitraum ab 2024 vorgesehene, erneute Modifizierung des Austragungsmodus, die auf (noch) höhere Umsatz- bzw. bessere Vermarktungsmöglichkeiten gerichtet ist, u. a. mehr Teilnehmer, Abschaffung bzw. Ersatz der „klassischen" Gruppenphase durch ein Ligasystem mit mehr Spielen, Einführung von Wildcards.

neue Sponsoren und Öffentlichkeit wird verbessert.[74] Die finanziellen Anreize für die teilnehmenden Vereine steigen durch die Gewissheit deutlich höherer Einnahmen aufgrund des nunmehr vereinbarten Verteilungsmodells: Der Gesamtetat vervierfacht sich im Vergleich zur vorhergehenden Phase. Er beträgt nunmehr 24 Mio. Euro, die an die Teilnehmer sowie in Form von ‚Solidaritätszahlungen' in Höhe von 23 Prozent des Gesamtertrags an alle Vereine aus nationalen Ligen, deren Spitzenvereine in der Women's Champions League spielen, ausgeschüttet werden. Jeder der 16 Teilnehmer an der Gruppenphase erhält – unabhängig von seinem Abschneiden – als garantiertes Startgeld 400.000, der Gewinner bis ca. 1,4 Mio. Euro.[75] Die intensivierte Vermarktung des gesamten, neu strukturierten und dadurch stärker professionalisierten Wettbewerbs, vor allem die Vergabe der Übertragungs- bzw. Medienrechte sowie des Sponsoring, erfolgt nicht mehr dezentral, sondern erstmals zentral durch die UEFA.

Der Vergleich zeigt, dass sämtliche Beträge deutlich über den Einnahmen der Vereine aus der Gesamtvermarktung der Bundesliga seitens des DFB liegen.[76] Insgesamt verfolgen diese Änderungen (wohl) eher kommerzielle als sportliche Ziele. Der Titelgewinner wird in der Regel auch weiterhin aus den Ligen der *big five* kommen.[77] Insofern handelt es sich bei dieser Reform nicht um einmalige, sondern um aggregierte Effekte, von denen stets dieselben Klubs profitieren.

Der vereinbarte Verteilungsschlüssel ist trotz seiner offiziell proklamierten „Solidarität" recht asymmetrisch ausgerichtet und

---

74 Zu den Erfolgsaussichten vor der Änderung im Einzelnen Greubel/Kaiser-Jovy 2018, als Übersicht zu den Ergebnissen Bullough 2018.

75 https://de.uefa.com/insideuefa/news/0268-12242d05acd4-c175c7a22464-1000--finanzielles-verteilungssystem-sorgt-fur-nachhaltigkeit-im-euro/

76 Die Einnahmen aus Fernsehgeldern betragen insgesamt 1,06 Mio. bzw. pro Klub 89.000 Euro.

77 Bei den Wettbewerben sowohl der Vereins- als auch der Nationalmannschaften haben bisher ausschließlich Mannschaften aus west- und nordeuropäischen und nicht aus ostmitteleuropäischen Ländern die Titel gewonnen.

führt zu einer Umverteilung „von unten nach oben“.[78] Er garantiert – neben finanzieller Planungssicherheit – deutlich höhere Einnahmen für die wenigen großen teilnehmenden Vereine. Daraus resultieren auch Vorteile in der nationalen Liga, u. a. bei der Rekrutierung von Spitzenspielerinnen. Insofern haben diese Vereine wenig Interesse an grundlegenden Änderungen der bestehenden Regeln in die entgegengesetzte Richtung.

Der Verteilungsschlüssel hat also weitreichendere Folgen, die über den Teilnehmerkreis hinaus reichen. Diese veränderten institutionellen und wirtschaftlichen Rahmenbedingungen des internationalen Umfelds haben Rückwirkungen auf die nationalen Ligen bzw. ihre Vereine. Die bereits beschriebene, seit Jahren bestehende Schere zwischen den großen, international aktiven, evtl. sogar erfolgreichen und den kleineren, ausschließlich national aktiven und weniger erfolgreichen Vereinen wird sich weiter öffnen, da die Verteilung der Zahlungen aus dem internationalen Wettbewerb die der Leistungen aus dem nationalen Ligabetrieb verstärkt. Die für die Attraktivität der nationalen Ligen prinzipiell notwendige, gewisse Ausgeglichenheit des Spielbetriebs (*competitive balance*) bzw. Ungewissheit über den Spielausgang (*uncertainty of outcome*) hingegen können, wie durch die Champions League im Männerfußball bereits geschehen (Brand/Niemann 2018, Niemann/Brand 2020), (weiter) abnehmen.[79]

Außerdem können diese veränderten Rahmenbedingungen zu einem *Rattenrennen* (Meier 2004) führen, d. h. zu überhöhten Investitionen, weil weitere Vereine auf höhere Einnahmen durch Teilnahme am internationalen Wettbewerb spekulieren, diese aber letztendlich nicht realisieren können (zu Beispielen Brand/Niemann 2018) . Dieses spezifische Risiko eines intensivierten sog. positionalen Wettbewerbs besteht vor allem für kleinere, weniger für gro-

---

78 Man mag an den u. a. aus der Soziologie und Bildungsforschung bekannten Matthäus-Effekt denken.

79 Darüber hinaus müsste der Solidaritätsfonds mit erheblich mehr Mitteln ausgestattet sein.

ße Lizenzvereine, die das Risiko aufgrund ihrer höheren Gesamtetats eher eingehen bzw. bewältigen können.[80]

Insgesamt tendiert die Champions League der Frauen zu einer ambivalenten Entwicklung, wie sie bei der der Männer bereits eingetreten ist:

> The UEFA Champions League (CL) has arguably evoked much attention, fascination as well as criticism over the years. While it quickly developed into a commercial success story and a brand name which seemed to draw financially well-endowed sponsors all too easily, it has also increasingly been criticised for its changes in format, its focus on nurturing elite clubs at the expense of grassroots football as well as already having reached some point of saturation and overexposition towards likely spectators, fans and consumers. (Brand/Niemann 2018, preface)

Im Männerfußball präsentierten einige große, finanzstarke Lizenzvereine im Laufe der vergangenen Jahrzehnte wiederholt ihre weit reichenden Pläne zur Gründung einer europäischen Super League (Macedo et al. 2022a). Zuletzt war dies der Fall im Frühjahr 2021 in Zeiten der Covid-19 Pandemie und dadurch bedingter wirtschaftlicher Unwägbarkeiten. Diese im Gegensatz zum bis dato dominierenden europäischen Sportmodell weitgehend geschlossene Liga würde nach dem Vorbild nordamerikanischer Profiligen, wie National Basketball Association (NBA) oder National Football League (NFL), mit einer dauerhaften Teilnahmeberechtigung, d. h. ohne Auf- und Abstiege, organisiert. Dadurch würden die bisher beste-

80 Beispiele für Überbietungswettbewerb gibt es im nationalen Spielbetrieb in der dritten Bundesliga der Männer, in der in den vergangenen Jahren mehrfach Vereine Insolvenz anmelden mussten, weil sich – nach überhöhten Investitionen – ihre Hoffnungen auf Aufstiege und dadurch deutlich höhere Einnahmen, u. a. durch Fernsehgelder, als unrealistisch erwiesen. Aktuelle Beispiele sind KFC Uerdingen und Türkgücü München. Vgl. zu Einzelheiten den offiziellen DFB-Saisonreport 2020/2021 (https://www.dfb.de/ePaper/Saisonreport_3Liga_2020-2021/#1).

henden Wettbewerbsbedingungen ausgeschaltet. Die Finanzierung dieser *breakaway league* würde extern durch die US-Investmentbank JP Morgan erfolgen. Die Vermarktung der Übertragungsrechte würde supranational und zugunsten der teilnehmenden Vereine organisiert.

Ihr faktischer *closed shop*-Charakter, der keine regelmäßige sportliche Qualifikation erfordert, würde die bestehenden Vereins- und Verbandsstrukturen der weiterhin bestehenden nationalen Ligen erheblich beeinträchtigen und nicht nur mit deren nationalen, sondern auch mit den bestehenden internationalen Vereinswettbewerben kollidieren, vor allem mit der UEFA Champions League, sowie mit europäischem Wettbewerbsrecht. Eine simultane Teilnahme an anderen Wettbewerben wäre schwierig zu bewerkstelligen. Die Organisation des Spielbetriebs würde unabhängig vom Kontinentalverband UEFA, d. h. im Gegensatz zu den bestehenden Regelungen nicht unter dessen Regie, erfolgen, was dessen andauernden Widerstand bedingt bzw. erklärt.

Vehemente Kritik an diesen weitreichenden Plänen zur Gründung einer *breakaway league* üben kleinere Vereine, nationale und vor allem kleinere Ligen, nationale sowie die internationalen Verbände FIFA und UEFA, Regierungen und Fans bzw. Öffentlichkeit.[81] Diese wiederholt unterbreiteten Pläne sind bisher stets fehlgeschlagen und werden – zumindest zunächst – nicht weiter verfolgt.[82]

Derartige Pläne werden inzwischen, etwa im Rahmen der Initiative im Frühjahr 2021, auch für den Frauenfußball unterbreitet. Die Gründung einer solchen supranationalen Frauenliga wäre aus denselben Gründen wie im Männerfußball überaus problematisch, u. a. würde sie die finanzielle und dadurch sportliche Ausgeglichenheit der nationalen Ligen (weiter) einschränken und zu Lasten der übrigen Vereine erfolgen.

---

[81] Zur breiten Kritik dieser Pläne Macedo et al. 2022b, zur Kritik des aktuellen Versuchs Littkemann et al. 2021; Brannagan et al. 2022.

[82] Inzwischen darf die UEFA laut Gerichtsbeschluss die Gründer überwachen bzw. sanktionieren, u. a. durch Ausschluss aus internationalen Wettbewerben.

Im Gegensatz zum Männer- gibt es im Frauenfußball keine – oder noch keine – weiteren internationalen Wettbewerbe für Vereinsmannschaften, wie (die ältere) UEFA European League oder (die jüngere) UEFA Europa Conference League, die in unterschiedlichem Maße finanziell attraktiv sind und Mannschaften aus kleineren Ligen Chancen ermöglichen sollen.[83] Diese Wettbewerbe könnten sowohl die Sichtbarkeit und Attraktivität als auch die Erträge und die Wettbewerbsintensität des Vereinsfußballs erhöhen, würden aber infolge der zusätzlichen Einnahmen die Schere zwischen Teilnehmern und Nicht-Teilnehmern noch weiter öffnen.[84]

---

83 Auch auf nationaler Ebene sind im Gegensatz zum Männerfußball Wettbewerbe wie der Super Cup unbekannt.

84 Die Einführung von *play-offs* nach Ende der regulären Saison zur Ermittlung des Meisters, wie sie in den nordamerikanischen Profiligen üblich sind, wird ausschließlich für den Männerfußball gelegentlich in die Diskussion gebracht.

4 Arbeitsmarkt und Arbeitsbeziehungen

4.1 *Arbeitsmarkt*

4.1.1 *Spielerinnen*

Die Arbeitsmärkte der Individual- und Mannschaftssportarten weisen im Vergleich zu denen anderer Branchen in verschiedener Hinsicht wesentliche Besonderheiten auf. Auch und gerade im Frauenfußball gilt:

- Spielerinnen sind in arbeitsrechtlicher Sicht nicht, wie in anderen, vor allem Individualsportarten, (Solo-)Selbstständige, sondern abhängig Beschäftigte mit den üblichen Pflichten und Rechten von Arbeitnehmern, worauf ich später ausführlich eingehe.
- Die (schriftlich abgefassten) Arbeitsverträge zwischen Spielerinnen und ihren Vereinen sind im Gegensatz zu denen sog. Normalarbeitsverhältnisse[85] stets zeitlich eng befristet, d.h. sie enden automatisch zu einem bestimmten Zeitpunkt ohne Einhaltung von Kündigungsfristen und weitere Ansprüche; die üblichen geltenden Kündigungsschutzrechte sind insofern erheblich eingeschränkt. Auch eine wiederholte Befristung von Arbeitsverträgen mit demselben Arbeitgeber und mit mehrjähriger Laufzeit ist legal.
- In der Mehrzahl handelt es sich nicht um Vollzeit-, sondern um Teilzeitbeschäftigungsverhältnisse, die zwar sozialversi-

---

[85] Für Normalarbeitsverhältnisse sind folgende Merkmale konstitutiv: Vollzeittätigkeit mit entsprechendem subsistenzsicherndem Einkommen, unbefristetes Beschäftigungsverhältnis, vollständige Integration in die sozialen Sicherungssysteme, Identität von Arbeits- und Beschäftigungsverhältnis, Weisungsgebundenheit des Arbeitnehmers vom Arbeitgeber (zu Einzelheiten Keller/Seifert 2013).

cherungspflichtig sind, aber negative Konsequenzen haben, die kurzfristig vor allem das Einkommen, mittelfristig die Weiterbildungschancen und langfristig die Alterssicherung betreffen. Außerdem hat die Verteilung von Vollzeit- und Teilzeitbeschäftigung auf die einzelnen Vereine deutlichen Einfluss auf deren Erfolgsaussichten. Die Organisation des gesamten Trainings- und Spielbetriebs muss sich nach diesen Rahmenbedingungen richten.

– Es kann sich sogar um Minijobs handeln, für die Verdienstobergrenzen (bis Herbst 2022 450 Euro, seitdem 520 Euro pro Monat) gelten und die nicht in die sozialen Sicherungssysteme integriert sind. Insofern handelt es sich mehrheitlich um atypische Beschäftigungsverhältnisse.
– Die Aushandlung der Arbeits- und Beschäftigungsbedingungen erfolgt nicht, wie in anderen Branchen üblich, kollektiv durch Interessenverbände der Beschäftigten und ihrer Arbeitgeber, sondern individuell. Ich gehe später ausführlich auf diese Situation der Arbeitsbeziehungen ein.[86]
– Aus- und Verleihen weisen gewisse Parallelen zu Leiharbeitsverhältnissen auf, bei denen im Gegensatz zu den anderen Formen Arbeits- und Beschäftigungsverhältnisse auseinanderfallen.
– Die Karriere in einem hoch kompetitiven Arbeitsmarkt ist im Vergleich zu anderen Tätigkeiten *ex definitione* zeitlich stets eng begrenzt, sowohl in Bezug auf die Laufzeit des einzelnen Vertrages als auch die Dauer der Karriere (Frick 2007). Außerdem ist die Karriere mit hohen, unwägbaren Risiken verbunden, u.a. aufgrund temporärer oder dauerhafter Verletzungen.[87]

---

86 Vgl. als Beispiel zur Etablierung von Arbeitsbeziehungen in semi-professionellen Ligen McLeod/Nite 2021.

87 In der umfangreichen sportmedizinischen Literatur werden diese Probleme vielfach bearbeitet (zusammenfassend Okholm Kryger et al. 2022).

– Die Größe des Arbeitsmarktes ist durch die Größe der Liga bzw. die Zahl ihrer Vereine limitiert und kann ohne grundlegende Änderungen, d. h. eine Vergrößerung der Liga, kaum verändert werden. Die durchschnittliche Zahl der Spielerinnen pro Verein beträgt derzeit 24 (FIFA 2021). Wechselmöglichkeiten innerhalb der Liga oder ins Ausland sind vorhanden, bleiben aber quantitativ begrenzt.

Im Frauenfußball ist der Arbeitsmarkt – wie in den Profiligen anderer Sportarten und in anderen Wirtschaftsbranchen – keinesfalls homogen, sondern hochgradig nach verschiedenen Merkmalen segmentiert (zur Einführung Reich 2008). Er ist durch unterschiedliche Grade der Professionalisierung nicht nur zwischen den Ligen, sondern auch innerhalb der Liga gekennzeichnet:[88] Einerseits können (einige) Spitzenspielerinnen, die bei wenigen großen Lizenzvereinen als Vollprofis arbeiten, ihren Leistungssport als Beruf ausüben und von den Gehältern ihren Lebensunterhalt bestreiten. Andererseits gibt es nach wie vor (zahlreiche) Halbprofis, die nicht ausschließlich Fußball spielen, sondern auch studieren, eine Ausbildung absolvieren oder einer beruflichen Tätigkeit (innerhalb oder außerhalb ihrer Vereine) nachgehen. Sie sind in ihren „dualen" Karrieren zur Sicherung ihres Lebensunterhalts auf Einkommen aus mehreren, auch nichtsportlichen Quellen angewiesen. Sie können sich nicht ausschließlich auf die professionelle Ausübung ihres Leistungssports als Beruf konzentrieren, der einen erheblichen (Zeit- und daher Koordinations-)Aufwand[89] erfordert und in seiner widersprüchlichen Konstellation eine dauerhafte Doppelbelastung mit sich bringt, die der individuellen Leistungsfähigkeit abträglich ist.

Die Spielzeit der ersten Bundesliga, die wegen der internationalen Termine mit dem Rahmenterminplan der UEFA abge-

---

88 Vgl. auch die international vergleichende Studie zu professionals, semi-professionals and amateurs (FIFPRO 2017).

89 Trainingslager von unterschiedlicher Dauer zur Vorbereitung der Spielzeit finden regelmäßig im Sommer und Winter an in- und ausländischen Standorten statt.

stimmt werden muss, dauert zwar zehn Monate, umfasst aber nur 22 Pflichtspiele sowie eine (eher) geringe Zahl an Pokalspielen. Die Punkterunde ist also relativ kurz, so dass, abgesehen von den internationalen Terminen der Nationalmannschaft für die Mehrzahl der Spielerinnen zeitliche Freiräume bestehen. Diese ungleiche Aufteilung hat Einfluss sowohl auf die individuelle Leistungsfähigkeit als auch auf die Qualität des Spielbetriebs.[90]

Aus der Makroperspektive im Sinne der Ausübung des Leistungssports als Beruf handelt es sich also lediglich um eine teilweise Professionalisierung des Arbeitsmarktes, die bei wenigen Spitzenvereinen weiter fortgeschritten ist als bei der Mehrzahl. Eine englische Studie resümiert:

> Data revealed that employment conditions of women have created both insecure, precarious work, and non-work conditions...data demonstrates precarity is increased based on gender, as women's football suffers from material resource inequality. (Culvin 2021, 1)

Ein eigenständig-fußballspezifischer Arbeitsmarkt für Spielerinnen hat sich erst allmählich entwickelt. Er ist nicht mehr national geschlossen, sondern teilweise internationalisiert, aber nicht globalisiert, sondern vor allem europäisiert (Arrondel/Duhautois 2021).[91] Die ausländischen Spielerinnen stammen vor allem aus Österreich, gefolgt von der Schweiz, Polen und den USA (DFB 2022); Spielerinnen aus südamerikanische Länder sind – zumindest bisher – sehr selten. In der Saison 2019/2020 spielten 78 (27, 56%) Ausländerinnen in der Bundesliga (DFB 2021a).[92] Im Jahr 2021 gab es 57 in-

---

90 Der mögliche Grad der Arbeitsteilung kann Unterschiede aufweisen und weitergehende Spezialisierung behindern.

91 Als Überblicke https://www.fupa.net/league/frauen-bundesliga/transfer sowie https://www.soccerdonna.de.

92 Nach dem Bosman-Urteil des EuGH stieg im Männerfußball der Anteil ausländischer Spieler im Zeitraum 1995 bis 2005 auf 50 Prozent (Niemann/Brand 2008, 96). Derzeit beträgt der Anteil mehr als 50 Prozent.

ternationale Wechsel nach Deutschland, 47 in die entgegengesetzte Richtung. Deutsche Vereine gehören nicht zur Gruppe mit den zehn häufigsten Wechseln (FIFA 2022).[93] Einige deutsche (Spitzen-) Spielerinnen stehen bei ausländischen Vereinen unter Vertrag. Langfristig hat die Mobilität bzw. Arbeitsmigration national wie international spät und nur allmählich zugenommen, weil die Professionalisierung erst spät begann und die Einkommen häufig nach wie vor niedrig sind im Vergleich zu einigen anderen nationalen Ligen.[94]

Ziel der Transfers ist die Verbesserung der Qualität der Liga. Transfers[95] erfolgen, von Ausnahmen abgesehen, ohne Zahlung von Ablösesummen.[96] Wenn solche Zahlungen – etwa bei Wechseln von Nationalspielerinnen während der Vertragslaufzeit – vereinbart werden, sind sie in der Regel niedrig und generieren (im Vergleich zum Männerfußball) nur geringe Einnahmen für die abgebenden Vereine.[97] Mit einer Zunahme der Ablösesummen ist im Rahmen fortschreitender Professionalisierung jedoch zu rechnen. Aus- und Verleihen von Spielerinnen sind hinsichtlich Zahl und Dauer selten, so dass die geplante internationale Neuregelung kaum Konsequenzen haben wird.[98]

Die Einrichtung von Nachwuchsleistungszentren (NLZ), die Teile der sportlichen Infrastruktur der Vereine sind, sind im Lizenzierungsverfahren vorgeschrieben. Sie sind im Gegensatz zum Jugendbereich des Männerfußballs im Frauenfußball nicht verbindlich, so dass dessen Bedingungen auch in dieser Hinsicht insgesamt weniger professionalisiert sind. Gelegentlich wird gefordert, NLZ

---

93 Zu Diversität bzw. dem Anteil farbiger Spielerinnen liegen keine Informationen vor.

94 Die früher geltenden sog. Ausländerbeschränkungen, wie drei plus zwei, wurden sukzessiv aufgehoben.

95 https://www.fussballtransfers.com/deutschland/frauen-bundesliga/transfer-uebersicht/.

96 Im gesamten Bereich der UEFA erreichten 2021 die internationalen Wechsel erstmals die Grenze von zwei Mio. Euro (UEFA 2022, 11).

97 Über die Höhe liegen im Gegensatz zum Männerfußball keine öffentlich zugänglichen Informationen vor.

98 https://www.soccerdonna.de/de/bundesliga/letztetransfers/wettbewerb_BL1.

auch im Frauenfußball, entweder durch Integration in die bestehenden NLZ oder durch eigenständige Einrichtungen, zur Verpflichtung zu machen. In diesem Fall wäre die Finanzierung vor allem für kleinere Vereine schwierig bzw. kaum zu leisten. Eine intensive, strukturierte Betreuung der Jugendspielerinnen findet allerdings auch ohne formale NLZ statt, u. a. durch Zusammenarbeit mit Schulen, Ausbildungsunternehmen und Hochschulen und/oder durch Unterbringung in Sportinternaten.[99]

Bedeutung und Einfluss von Spielervermittlern und -beratern sind deutlich geringer als im Männerfußball,[100] wo die Mitte der 2010er Jahre liberalisierten Tätigkeitsregeln auf heftige Kritik stießen und nochmals grundlegend in Richtung einer (wieder etwas) stärkeren Regulierung revidiert werden mussten (Parrish et al. 2019). Laut Mitteilung des DFB betrugen die Honorare der Spielervermittler in der Frauen-Bundesliga im Zeitraum Februar 2021 bis Januar 2022 (Transferperioden I und II der Saison 2021/2022) 658.268 Euro. Zum Vergleich: In der dritten Bundesliga der Männer lagen diese Honorare bei 4.321.660 Euro.[101]

Das Bosman-Urteil des Europäischen Gerichtshofs (EuGH) von 1995 deregulierte bzw. flexibilisierte bekanntlich den protektionistischen Arbeitsmarkt des Männerfußballs, indem es bei Vereinswechseln die bis dato übliche Praxis der Zahlung von Ablösesummen nach Vertragsende beendete bzw. ihre Zahlung auf Wechsel während der Vertragslaufzeit beschränkte.[102] Das Urteil setzte das individuelle Recht auf Freizügigkeit, eines der Grundrechte der Europäischen Union (EU), auch für den Profifußball durch.

Das Urteil veränderte grundlegend die Struktur der Verfügungsrechte und hatte Verteilungswirkungen, indem es, vor allem nach Ver-

---

99 Vgl. als Fallbeispiel das Jugend- und Frauenförderzentrum der TSG Hoffenheim https://www.tsg-hoffenheim.de/teams/frauen/frauen-ueberblick/ sowie zur TSG-Akademie („Anpfiff ins Leben“) https://www.anpfiffinsleben.de/ueber-uns.

100 Vgl. zu einer Agentur im Frauenfußball https://www.fem11.de.

101 https://www.dfb.de/frauen-im-fussball/news-detail/dfb-publiziert-spielervermittler-honorare-237901/

102 Zu Folgen Frick/Wagner 1996, zu späteren Regelungen Gardiner/Welch 2016.

tragsende, die Mobilitätsbedingungen der Spieler verbesserte bzw. deren (Verhandlungs-)Position in Interessenkonflikten mit ‚ihren' Vereinen stärkte und Vereinswechsel erleichterte bzw. die Kontrolloptionen der Vereine einschränkte. Es führte zur Erhöhung der Zahl ausländischer Spieler in den großen Ligen, indem es Begrenzungen hinsichtlich der Nationalität von Spielern aufhob (Frick 2007).[103]

Die faktischen Auswirkungen dieses EuGH-Urteils auf den Frauenfußball hielten sich aufgrund des geringen Professionalisierungsgrades des Arbeitsmarktes mit seinen geringen Verdienstmöglichkeiten in engen Grenzen.

Ein regelmäßig auftretendes Problem ist, wie bei anderen Individual- und Mannschaftssportarten, die Unsicherheit über berufliche Anschlusstätigkeiten nach Ende der aktiven Karriere, wenn (etwa gleichaltrige) Nicht-Sportlerinnen ihre Ausbildung längst abgeschlossen, bereits Berufserfahrung gesammelt und Einkommen erzielt haben. In arbeitsökonomischer Perspektive kann die *rate of return* aufgrund der kurzen Karriere mit einem (wahrscheinlich) geringen Einkommen niedrig sein, d. h. hohe Opportunitätskosten verursachen und das (bei anderer Zeitverwendung zu erzielende) Lebenseinkommen negativ beeinflussen. Das Problem kann sich zum Teil lösen lassen, weil die Mehrzahl der Spielerinnen keine Vollprofis sind und in ihrer Zeit als Aktiven auch anderen Tätigkeiten nachgehen können.

Daten über Folgen im Lebensverlauf liegen für den Frauenfußball nicht vor. Für den Männerfußball gilt, „dass nach wie vor fast jeder zweite Profi weder eine Berufsqualifikation verfügt noch dabei ist, eine solche zu erwerben" (VDV 2022, 26). Bei der Lösung dieses Problems können die Vereine Unterstützung anbieten, etwa durch Ausbau der Laufbahnberatung im Sinn der Vermittlung von Ausbildungs- und Beschäftigungsgelegenheiten.

Die Anzahl der Gelegenheiten zur Schaffung eines notwendigen „zweiten Standbeins" hat sich sowohl auf Ebene der Vereine als

---

103 Die Änderungen erinnern an die Abschaffung von *reserve clauses* und die Einführung von *free agent*-Regeln in nordamerikanischen Profiligen.

auch auf der der Verbände und Sportorganisationen durch die Einrichtung von Trainerstäben und Funktionsteams sowie durch den Ausbau des Sportmanagements, u. a. durch Management- und Geschäftsführungspositionen, allmählich vergrößert; sie ist aber nach wie vor – und bleibt – begrenzt. Inzwischen zielen auch verschiedene spezialisierte Studiengänge der Vorbereitung auf spätere Tätigkeitsfelder im Sport. In arbeitsökonomischer Sicht (Prinz/Weimar 2016) handelt es sich um Optionen für die weitere Verwendung des während der Karriere erworbenen (sportart-)spezifischen Humankapitals, ohne auf Arbeitsmärkte außerhalb des Sports ausweichen zu müssen bzw. angewiesen zu sein.

Im Falle einer erfolgreichen Entwicklung der Bundesliga könnte die nach wie vor (im Vergleich mit den Bundesligen des Männerfußballs) geringe Anzahl der Mannschaften Optionen für eine zukünftige Aufstockung bieten, wie sie etwa in England oder Spanien geschieht. Dadurch würden sich nicht nur mehr Beschäftigungsgelegenheiten für einzelne Spielerinnen, sondern auch Aufstiegsoptionen für weitere Vereine eröffnen.[104] Voraussetzungen wären allerdings andauernde finanzielle Unterstützungsleistungen, bis direkte und indirekte Unabhängigkeit erreicht ist, sowie intensivierte professionelle Vermarktung, insbes. der TV-Rechte. Das bereits skizzierte, in den vergangenen Jahren zu beobachtende Engagement weiterer Lizenzvereine, insbesondere ihr Anspruch, mittel- und langfristig in die Bundesliga aufzusteigen, kann diese Entwicklung fördern.

[104] Allerdings könnte die Qualität der Spiele leiden und einige Vereine könnten finanziell überfordert werden (Klein 2018). Weiterhin sind die Verteilungswirkungen einer derartigen Vergrößerung unbestimmt. In organisatorischer Hinsicht müsste die Winterpause verkürzt werden, um den engeren Spielplan zu realisieren.

4.1.2 Exkurs: Gehälter

Die breite, kontrovers geführte Diskussion um Verdienstunterschiede zwischen Männern und Frauen hat längst auch den Sport, insbesondere den Fußball, d. h. den Frauenfußball, erreicht. Allerdings liegen nur wenige öffentlich zugängliche, valide Untersuchungen vor, die sich methodisch unterscheiden und auf unterschiedliche Saisons beziehen. Sie stimmen aber darin über, dass diese Lücken (*gender pay gap*) deutlich ausgeprägt sind.

Eine aktuelle Studie kommt zu folgendem Schluss: „In der Frauen-Bundesliga dürfte – unter der Annahme, dass die Clubs wie bei den Männern ebenfalls rund 40 % ihrer Umsatzerlöse für Spielergehälter aufwenden – das durchschnittliche Einkommen deutlich unter 20.000 € liegen ... (Frick 2019, 714).[105] Dieser Wert entspricht in strikt mikroökonomischer Perspektive dem „individuellen Wertschöpfungsbeitrag“. Entscheidend sind demnach vor allem die geringe Marktgröße sowie das begrenzte öffentliche Interesse bzw. die fehlende Zahlungsbereitschaft der Zuschauer.

Eine andere Studie, die auf einem neoklassisch inspirierten Konzept von Leistungsgerechtigkeit basiert, argumentiert ähnlich mit dem „Kernargument, dass erstens die ungleiche Bezahlung im Fußball leistungsgerecht ist und zweitens Leistungsgerechtigkeit für den professionellen Sport angemessen ist, in dem die Leistung der Sportlerinnen und Sportler leicht quantifizierbar und vergleichbar ist“ (Dilger/Scharfenkamp 2020, 300).[106]

Diese vor allem in den *economics of sport* verbreitete Sichtweise (ähnlich Naumann/Follert/Daumann 2021) stößt auf heftige Kritik. Ihr stehen u. a. Gleichstellungsperspektiven entgegen (zusam-

---

105 Möglicherweise erfolgen Unterstützungen durch Sachleistungen, etwa indem Pkws oder Unterkünfte zur Verfügung gestellt werden, worüber keine öffentlich zugänglichen Informationen vorliegen.

106 Mit diesen Beiträgen zum Frauenfußball erreicht die Diskussion die bis dato strikt vom Männerfußball dominierten *soccer economics,* die den Zusammenhang von individueller Produktivität, Entlohnung und Arbeitsmarkt ausführlich behandeln (Kuper/Szymanski 2014).

menfassend Archer/Prange 2019). Weiterhin wird aus sozial- und kulturhistorischer Perspektive argumentiert, dass sich die Differenz „nicht nur aus der Empörung über die kollektive Diskriminierung nach askriptiven Merkmalen (erklärt, B. K.). Sie ist, historisch betrachtet, vielmehr ein Resultat des verzögerten Eintritts von Frauen in das Profisegment des Fußballsports“ (Eisenberg 2020, 315). Schließlich ist der zur Ausübung des Sports notwendige zeitliche Aufwand auch im Frauenfußball erheblich.[107] Das Niveau der Entgelte liegt deutlich unter dem der Bundesligen der Männer.[108]

Eine international-vergleichende, ältere Untersuchung bei größeren Vereinen unterscheidet zwischen Vereinsbudgets von weniger und mehr als 250.000 Euro. Das durchschnittliche Monatsgehalt beträgt in der ersten Gruppe 545, in der zweiten 1515 Euro (ECA 2014).) Die erhebliche Verdienstlücke könnte auf absehbare Zeit nur, wie bei den Nationalmannschaften Norwegens geschehen, durch eine Verlagerung erheblicher Ressourcen aus dem Profibereich der Männer bei den Lizenzvereinen reduziert werden.

Eine breit angelegte Erhebung gibt für die Saison 2017/2018 das Durchschnittseinkommen mit ca. 37.000 Euro an (GSSS 2017).[109] In international-vergleichender Sicht gilt entgegen häufig getroffenen nationalen Annahmen:

> The Frauen-Bundesliga is a top-two European (and global) women's league in terms of pay, and arguably the most ,bal-

---

107 Die aktuell wiederholt vorgebrachte Forderung nach Einführung eines Grund- bzw. Mindestgehalts – zwischen 2.000 und 3.000 Euro monatlich – in der ersten und zweiten Bundesliga würde allen Spielerinnen die Ausübung ihres Sports unter professionellen Bedingungen ermöglichen, ginge einerseits über den Kreis der Nationalspielerinnen hinaus, wäre andererseits aber eo ipso auf die beiden obersten Ligen begrenzt.

108 Die Durchschnittseinkommen dürften auf dem Niveau der Regionalligen des Männerfußballs liegen, wobei erhebliche Unterschiede zwischen den Vereinen bestehen.

109 Eine weitere Publikation gibt – ohne nähere Angabe von Quellen – das Durchschnittseinkommen mit ca. 39.000 Euro pro Jahr an. https://www.gehaltsvergleich.com/news/frauenfussball-em-was-verdienen-die-dfb-kickerinnen

> anced‘ of the big European women’s leagues. While Wolfsburg and Bayern are clearly the richest, they are nowhere near as far ahead in resources as France’s ‚big two‘ in relation to their nearest competitors. (GSSS 2017, 26)

Deutliche Unterschiede bestehen nicht nur *zwischen* erster und zweiter Bundesliga, sondern auch *innerhalb* der Ligen. Für die Saison 2017/2018 ergibt sich für die erste Bundesliga folgende Verteilung:

> Wolfsburg are the best funded club with a budget in the region of €3.5m for the season with capacity to be slightly bigger. Our calculations suggest their average first-team pay is just under €100,000 per player this season, with Bayern not far behind at around €85,000, then a drop to Frankfurt and Turbine Potsdam, where average salaries are around €50,000, give or take a couple of thousand. Our survey replies suggest three clubs then form a ‚middle order‘ financially with monthly average pay in the range €2,500 to €3,000 (annual €30,000 to €35,000) and they are Freiburg, SC Sand and Duisberg. The bottom five clubs in pay terms seem to be Hoffenheim, Koln, Werder Bremen, USV Jena and Essen, each with total budgets well under €1m a year, and average player pay from about €18,000 a year (€1,500 a month) to below €15,000, or under €1,200 a month. (GSSS 2017, 27)[110]

Das Problem ungleicher Bezahlung von Frauen und Männern wird häufig für die Vereinsebene diskutiert, besteht aber auch auf der Verbandsebene. Das Argument, dass „Marktbedingungen bzw. -preise“ die erheblichen Unterschiede begründen bzw. equal pay nur bei gleichen Einnahmen möglich sei, gilt nur im Rahmen der Kosten-/Nutzen-Kalküle der gewinnorientierten Vereine, nicht hingegen für den Dachverband, der gemeinnützigen Charakter hat. Der

---

110 Bei „Duisberg“ und „Koln“ handelt es sich offensichtlich um Tippfehler im Original. Es muss zweifellos „Duisburg“ und „Köln“ heißen.

DFB hat bisher, im Gegensatz zu einigen anderen nationalen Dachverbänden, auf die ich später eingehe, nur wenige Maßnahmen zur Verminderung bzw. Beendigung der traditionell bestehenden Ungleichheiten bei Bezahlung (einschl. Prämien und Boni) und anderen Arbeitsbedingungen unternommen.[111]

Ein solcher, über reine Symbolpolitik hinausgehende Schritt wäre auf Verbandsebene trotz unterschiedlicher „Marktbedingungen" durch entsprechende, freiwillig zu leistende Umverteilungsmaßnahmen zwischen Männer- und Frauenmannschaften eher und leichter möglich als auf Vereinsebene – und könnte auch extern durchaus Signalwirkung haben. Allerdings würden, was in der Öffentlichkeit selten Beachtung findet, von der Realisierung dieser Forderungen nur die wenigen Nationalspielerinnen profitieren, die zu den besser verdienenden Spielerinnen gehören. Zudem scheint das Interesse des Dachverbandes an einer derartigen Umverteilung überschaubar zu sein. – Zu einer derartigen horizontalen Angleichung müsste eine schwieriger zu realisierende vertikale kommen, welche die Vereinsebene umfasst.

Die inzwischen auch von (einigen Spitzen-)Politikern unterstützten Forderungen nach *equal pay*[112] sind – oder sollten sein – Teil breiter angelegter Forderungen nach *equal play*, d. h. nach der Herstellung von Rahmenbedingungen für Chancengleichheit und Gleichberechtigung bei der Ausübung des Sports unter professionellen Bedingungen, u. a. bei Trainern und Trainingsbedingungen, was keinesfalls mit Vorstellungen einer „Harmonisierung" von Frauen- und Männerfußball zu verwechseln ist.

---

111 Die aktuellen Relationen sind folgende: Die Mitglieder der Frauennationalmannschaft hätten bei einem Titelgewinn bei der EM 2022 jeweils 60.000 Euro erhalten, die der Männer bei der EM 2021 hingegen 400.000 Euro. Es handelt sich jeweils um Anteile an den Einnahmen, die der nationale Verband vom europäischen, der UEFA, erhält. Die zugesagten Beträge steigen von Turnier zu Turnier. Bei WM sind die Relationen ähnlich wie bei EM.

112 Eine derzeit selten diskutierte Option wäre eine geänderte Verteilung der Erlöse aus den Fernseheinnahmen in Richtung einer Gleichverteilung.

4.1.3 Andere Beschäftigte

Der Arbeitsmarkt des Frauenfußballs professionalisiert sich, wie ich gezeigt habe, (nur) allmählich. Die Entwicklung dieses Berufsfeldes betrifft nicht nur den engen Kreis der aktiven Spielerinnen, sondern umfasst auch den Auf- bzw. Ausbau umfangreicher Funktionsteams, die inzwischen für die Erzielung von Erfolgen unabdingbar sind. Diese „Teams hinter dem Team" bestehen neben dem Trainerstab (Trainer bzw. Chefcoach, Co-Trainer(n), Torwarttrainer und Athletik-Coach) auch aus einem Betreuerstab (Mannschaftsarzt, Physiotherapeuten, Sportpsychologen und Videoanalysten). Weiterhin gehört zu dieser zunehmenden Spezialisierung von Aufgabenstellungen die (hauptamtliche) Führung sowie das professionelle Management, etwa durch Teammanager/technischen Direktor.

Diese allmähliche Professionalisierung des Arbeitsmarktes im weiteren Sinn ist – in soziologischer Betrachtungsweise – mit seiner zunehmenden Verberuflichung verbunden. Neben der Arbeit der vor allem haupt-, aber auch nebenamtlich Tätigen ist das umfangreiche ehrenamtlich-freiwillige Engagement, das im Amateurbereich traditionell dominiert, nach wie vor aber auch im (teil-) professionalisierten Bereich unverzichtbar für die Organisation des Spielbetriebs bzw. der Vereinsarbeit im Alltag (ECA 2014).

Durchaus überraschend ist das Ergebnis einer aktuellen Untersuchung, dass die „average number of full time technical staff (per club)" derzeit nur 4.3 Personen beträgt (FIFA 2021, 77). Größe und Qualität des Funktionsteams hängen ab von den finanziellen Ressourcen der Vereine bzw. ihrer Frauenmannschaften und sind letzten Endes mitentscheidend für deren Erfolgsaussichten. Die kleineren Vereine geraten auch beim Auf- und Ausbau dieser Teams ins Hintertreffen; Verbesserung und Ausbau der Organisierung des Frauenfußballs findet nicht gleichmäßig bei allen Vereinen statt.

Zum Arbeitsmarkt des (Profi-)Frauenfußballs im weiteren Sinn gehören schließlich auch Beschäftigte, die weitere Tätigkeiten ausüben.[113] Zu nennen sind (inzwischen einige) Moderatorinnen/Kommentatorinnen/Interviewerinnen und Journalistinnen sowie (nach wie vor nur selten) Schiedsrichterinnen.[114]

Trainerinnen sind nicht nur mit einer hohen Erwartungshaltung ihres Arbeitgebers, sondern auch mit mangelnder Akzeptanz bei Teilen der Medien und Öffentlichkeit konfrontiert. Sie sind im Frauenfußball nach wie vor selten, obwohl hinreichend viele Frauen über die notwendigen fachlichen Qualifikationen, auch in Form der erforderlichen Trainerlizenzen, verfügen.[115] In der Frauen-Bundesliga gibt es – in deutlichem Gegensatz zu den frühen 2000er Jahren (Sobiech 2006, 163) – nur wenige Cheftrainerinnen,[116] einige ehemalige National- und Bundesligaspielerinnen sind als Co-Trainerinnen tätig.[117] In den drei Profiligen des Männerfußballs arbeitet keine einzige Trainerin, so dass von einer Öffnung des Männerfußballs für Frauen, geschweige denn Gleichberechtigung nach wie vor nicht die Rede sein kann. Auch eine international-vergleichende Studie konstatiert:

> The glass ceiling issue in women's football is not limited to governance: it also extends to every position of authority, for instance to positions as coaches. On average in the Europe-

---

113 Scelles/Pfister (2021) unterscheiden ‚women's sport' und ‚women in sport'.

114 Derzeit sind nur knapp zweitausend (ca. 4 %) aller Schiedsrichter Frauen. https://www.dfb.de/verbandsstruktur/mitglieder/aktuelle-statistik/ (Zu deren Erfahrungen auch im Männerfußball Neumann 2020). Vgl. zur Situation von Schiedsrichterinnen auch Sinning/Rafalski 2012. Bibiana Steinhaus-Webb war drei Jahre (2017 bis 2020) die erste Schiedsrichterin in der ersten Männer-Bundesliga, nachdem sie trotz nachgewiesener Qualifikation mehrere Jahre keine Spiele dieser Liga leiten durfte.

115 Die im Männerfußball inzwischen auftretende Tendenz, nicht nur für Spieler, sondern auch für Trainer (hohe) Ablösesummen zu fordern bzw. zu zahlen, hat den Frauenfußball (noch?) nicht erreicht. Auch vorzeitige Trainerentlassungen sind im Frauenfußball seltener als im Männerfußball.

116 In der Saison 2021/2022 eine, in der Saison 2022/2023 zwei. Weiterhin sind ausländische Trainerinnen selten.

117 Auf Verbandsebene sowie bei den Auswahlmannschaften einschl. der Nationalmannschaft sind mehr Frauen als Trainerinnen tätig (Sinning 2012).

an Unions, only 16 % of the coaches of women's teams are women. (FREE 2015, 1.4.)

Die Unterrepräsentation bzw. geschlechtsspezifische Benachteiligung von Frauen in Bezug auf Partizipationschancen, der *gender gap*, der nicht nur die Verdienste umfasst, ist in verschiedenen Bereichen der nicht-aktiv Beschäftigten also ähnlich deutlich ausgeprägt wie lange Zeit auch in den Leitungspositionen des DFB.

4.2 Arbeitsbeziehungen

Die Entwicklung der Arbeitsbeziehungen (*industrial relations*) im Sport im Allgemeinen sowie im Profifußball im Besonderen wurden bisher – erstaunlicherweise oder nicht – nur selten untersucht.[118] Sie bestehen in „dualen" Systemen, wie dem traditionell in Deutschland etablierten – im Gegensatz zu „monistischen" wie u. a. in den angelsächsischen Ländern – auf betrieblicher und überbetrieblicher Ebene (Keller 2008). Dieser Struktur entspricht im Sport die Vereins- und Verbands- bzw. Ligaebene. Pluralistisch-sozialpartnerschaftliche Arbeitsbeziehungen setzen auf beiden Ebenen die Existenz kollektiver Interessenvertretungen voraus, also Betriebsräte und Management auf betrieblicher bzw. Gewerkschaften und Arbeitgeberverbände auf überbetrieblich-sektoraler Ebene, so dass Kompromisse bei unterschiedlichen Interessenlagen ausgehandelt werden können. Außerdem regeln sowohl auf nationaler als auch auf internationaler Ebene in zunehmendem Maße gesetzlich vorgegebene Rahmenbedingungen und nicht bilateral getroffene Vereinbarungen diese kollektiven Beziehungen.[119] Hinzu kommt die allgemeine und sport(art-)spe-

---

118 Zu den international-vergleichenden Ausnahmen gehört Barry et al. 2016.

119 Sportrecht (*sports law*) ist seit einer Reihe von Jahren ein wachsendes Spezialgebiet der Rechtswissenschaft mit eigenen Schriftenreihen, Zeitschriften und Verbänden.

zifische Rechtsprechung durch nationale und internationale Gerichte.

Auf Vereinsebene ist die kollektive Interessenvertretung defizitär.[120] Betriebsräte, die gemäß Betriebsverfassungsgesetz über eine Reihe kodifizierter Mitbestimmungsrechte in sozialen, personellen und wirtschaftlichen Angelegenheiten verfügen, bestehen nur bei wenigen Lizenzvereinen und ausschließlich im Bereich des Männerfußballs. Ihre Gründung wäre durchaus möglich; die in rechtlicher Perspektive notwendigen Voraussetzungen sind erfüllt, da alle Vereine über deutlich mehr als die notwendigen fünf ständig Beschäftigten verfügen. Das Management der häufig nach wie vor hierarchisch strukturierten Vereine zeigt jedoch wenig Bereitschaft zur Etablierung strukturierter Arbeitsbeziehungen – oder versucht möglicherweise sogar, deren Einrichtung zu verhindern. Auch auf Seiten der Beschäftigten ist das Interesse an einer institutionalisierten Interessenvertretung offensichtlich begrenzt bzw. ungleich verteilt.

Ich konzentriere mich im Folgenden auf die Interessenvertretung von Spielerinnen. Selbst wenn auf Vereinsebene Betriebsräte existierten, würden sie kaum die spezifischen Belange der (wenigen) Spielerinnen als vielmehr die der (zahlreicheren) übrigen Beschäftigten vertreten (u.a. Einhaltung der häufig ungünstigen Arbeitszeiten, Gehaltsverzicht in allgemeinen oder vereinsspezifischen Krisensituationen). Einrichtungen, wie Mannschafts- bzw. Spielerinnenräte, die Bindeglieder zwischen Mannschaft und Trainer sind, bestehen bei den Vereinen auch im Frauenfußball ausschließlich auf informell-freiwilliger, d.h. rechtlich nicht abgesicherter Grundlage. Sie verfügen im Vergleich zu Betriebsräten nur über schwächere Partizipationsrechte ohne Vetooption zur Verhinderung von Plänen der Gegenseite; zudem unterscheiden sich die Optionen von Verein zu Verein. Diese Räte werden entweder von den Spielerinnen gewählt oder mannschaftsextern bestimmt. Sie

120 Eine international-vergleichende Studie resümiert: „While the women's leagues all responded that no clubs include player representatives, the men's side offered a handful of examples of representation at club level." (Marston et al. 2017, 52)

bestehen in der Regel aus erfahrenen Spielerinnen, u. a der Mannschaftskapitänin und ihrer Vertreterin.

Spielerinnen sind in arbeitsrechtlicher Sicht, wie bereits erwähnt, nicht, wie in anderen, vor allem Individualsportarten, (Solo-) Selbstständige, sondern abhängig Beschäftigte mit den üblichen Pflichten und Rechten von Arbeitnehmern. Zu letzteren gehört die negative und positive Koalitionsfreiheit (Art 9. Abs. 3 GG), die im Rahmen der Tarifautonomie das Streikrecht als ultimatives Druckmittel einschließt. Die kollektive – statt wie bisher ausschließlich individuelle – Wahrnehmung ihrer Rechte erfordert, wie internationale Vergleiche zeigen, die Mitgliedschaft in einem bereits bestehenden Verband oder die Gründung eines eigenen Verbandes. Eine international-komparative Studie resümiert: „Having a collective voice that speaks on behalf of the players can be a powerful tool to help improve player conditions and welfare.“ (FIFA 2021, 55)

Ein langfristig geltender Rahmen-Tarifvertrag würde eine Reihe branchenspezifischer (Mindest-)Arbeitsbedingungen festlegen, wie (Mindest-)Entgelte jenseits nationaler Mindestlohnregelungen[121] etwa für gering verdienende Spielerinnen in der zweiten Bundesliga, Arbeits- und Trainingszeiten bzw. Trainingsaufwand, Mindestpausen und -urlaub, Datenschutz, etwa von Gesundheits- und Leistungsdaten, soziale Sicherung, vor allem Kranken-, Arbeitslosen- und Rentenversicherung, Meinungsfreiheit, Verfahren zur autonomen oder gerichtlichen Konfliktbeilegung, Gesundheitsvorsorge und -schutz, freie Arztwahl, aber auch spezifische Probleme des allgemeinen Mutterschutzes und -urlaubs.

In rechtlicher Perspektive möglich wären außer dem Abschluss eines Branchen-Tarifvertrages auch Haus- bzw. Unternehmens-Tarifverträge mit einzelnen Vereinen. Diese Option, die in verschiedenen

[121] Der 2015 eingeführte gesetzliche Mindestlohn, der ab 1. 10. 2022 zwölf Euro pro Arbeitsstunde beträgt, gilt für jeden Arbeitnehmer, d. h. auch für Spielerinnen. Als Arbeitszeiten zählen nicht nur die Zeiten für Spiel und Training, sondern auch die Zeiten für Vor- und Nachbereitung (wie Umziehen, Fahrten und Besprechungen). Wichtig für die Verhinderung bzw. Aufdeckung von Verstößen ist die vollständige, zeitnahe Dokumentation der Arbeitszeiten.

anderen Branchen in den vergangenen Jahrzehnten an Bedeutung zugenommen hat, würde aber aufgrund unterschiedlicher Regelungen zu (weiteren) Ungleichheiten des Wettbewerbs innerhalb der Liga führen. Außerdem wäre sie mit hohen ex ante- und ex post-Transaktionskosten für die VDV verbunden (Williamson 1996). Die Zahl der notwendigen Verhandlungen sowie die Überwachung der Einhaltung getroffener Abmachungen wären deutlich höher.

Derzeit sind die notwendigen rechtlich-institutionellen Voraussetzungen zum Abschluss von Tarifverträgen auf beiden Seiten nicht gegeben.[122] Auf Seiten der Vereine existiert (bisher) kein tariffähiger Verband, der die Arbeitgeberaufgaben der Aushandlung und Umsetzung von Kollektivverträgen übernehmen könnte. DFB bzw. DFL erfüllen nicht die kartell- und arbeitsrechtlichen Voraussetzungen. Die Bereitschaft zur Gründung eines tariffähigen Verbandes ist bei den Vereinen bzw. ihrem Management offensichtlich gering bzw. nicht gegeben, da der Status quo ihren Interessenlagen durchaus entgegenkommt. Die Möglichkeit, durch kollektivvertragliche Regelung eine *win win-Situation* zu gestalten, wird nicht wahrgenommen.

Auch auf Seiten der Beschäftigten ist ein hoher Organisationsgrad eine notwendige Voraussetzung. Anhaltende Probleme der Organisierung bzw. der Herstellung von Solidarität sind, wie bereits bei der Analyse des Arbeitsmarktes erwähnt, bestehende Interessenunterschiede der Spielerinnen, u. a. zwischen Profis und Halbprofis mit ungleicher individueller Verhandlungsmacht, die Tatsache, dass es sich häufig um Teilzeit- und nicht um Vollzeittätigkeiten handelt, wodurch die Organisationsbereitschaft beeinträchtigt wird, die stets eng begrenzte Laufzeit des aktuellen Vertrags bzw. die beschränkte Dauer der gesamten Karriere mit Wechseln des Berufsfeldes sowie die Tatsache, dass die Organisationsbereitschaft bei Frauen generell geringer ist als bei Männern.

---

122 Ich konzentriere mich auf die nationale Ebene. Vgl. zu den Optionen von Kollektivvereinbarungen auf supranationaler Ebene Meier 2004.

Insgesamt sind die Voraussetzungen der Organisierung, die zum Erreichen von Durchsetzungs- bzw. Organisationsmacht notwendig sind, also ähnlich ungünstig wie in verschiedenen anderen Branchen des privaten Dienstleistungssektors im Vergleich zu denen der industriellen Kernsektoren (als Überblick Ebbinghaus/Göbel 2014).

Der bestehende Verband, die Vereinigung der Vertragsfußballspieler (VDV)[123], wäre der auf Arbeitnehmerseite notwendige Akteur, um der Gegenseite die erforderliche Verhandlungsmacht, einschl. der Konfliktfähigkeit, glaubhaft zu vermitteln. Die seit 1987 bestehende VDV, die „Spielergewerkschaft“, ist ein von gewerkschaftlichen Dachverbänden, wie dem DGB, unabhängiger, sportart- bzw. fußballspezifischer Verband, der die heterogenen Interessen von Aktiven gegenüber Vereinen und Verbänden DFB bzw. DFL vertritt. Die VDV würde die Aufgaben des Abschluss von Kollektivverträgen wahrnehmen können und damit vom Verband, der beratende Aufgaben übernimmt und Kooperationsvereinbarungen schließen kann, zur Gewerkschaft mutieren, die Tarifverträge abschließt und durchsetzt.

Mitglieder sind nach VDV-Auskunft allerdings nur wenige Spielerinnen, obwohl eine Mitgliedschaft rechtlich wie organisatorisch möglich ist und die Beiträge niedrig sind (Keller 2020). Eine international-komparative Studie resümiert:

> Finally, in Germany, the VDV explained that women players are welcome to be members with access to services but they do not have a voting right because the Women's Bundesliga is not a fully professional league. (Marston et al. 2017, 35)

Die VDV reagiert auf die eingetretene Entwicklung und stellt 2022 eine „Teambetreuerin speziell für den Frauenfußball“ der ersten und zweiten Bundesliga ein, die bei Mannschaftsbesuchen Schulungsveranstaltungen für Spielerinnen (u. a. Dopingprävention, Matchfixing) durchführen und Informationen über den Verband an

---

[123] https://www.spielergewerkschaft.de

Spielerinnen und Vereine vermitteln soll. Mittel- und langfristig würden mehr Frauen als Mitglieder der VDV eine wirksame Interessenvertretung gegenüber Vereinen und Verband erleichtern und verbessern.

Anreize zum Verbandsbeitritt bieten, wie die politische Ökonomie zeigen konnte, nicht öffentliche Güter und Dienstleistungen des Verbandes, d. h. solche, über die auch Nicht-Mitgliedern verfügen können, wie Lobbyarbeit des Verbandes, sondern vor allem private Güter und Dienstleistungen, d. h. solche, die ausschließlich den Mitgliedern zur Verfügung stehen (Olson 1968, 1982). Zu letzteren gehören bei der VDV u. a. Trainingscamps, Laufbahnberatung, Bildungs- und Weiterbildungsangebote, die gemeinsam mit Partnerorganisationen unterbreitet werden, Beratung in versicherungs- und arbeitsrechtlichen Fragen, wie sie während der Corona 19-Pandemie verstärkt auftraten (u .a. Gehaltsverzicht, Kurzarbeit, vor allem in den unteren Ligen, Konsequenzen von Impfverweigerungen, bei ausländischen Spielerinnen Prüfung der Arbeitsverträge).

Die supranationale Vereinigung von Spielergewerkschaften FIFPRO, „the only global representative for professional football players"[124] ist in dieser Hinsicht aktiv (FIFPRO 2020), verfügt aber auf nationaler Ebene über wenig Durchsetzungsmacht. – Insgesamt unterscheiden sich die Voraussetzungen der Organisierbarkeit deutlich nach Sportarten. Sie sind in Mannschaftssportarten, die über Ligen und Vereine verfügen, eher gegeben als in Individualsportarten.[125] Die Entwicklung im Fußball ist im Vergleich zu anderen Mannschaftssportarten zwar weiter gediehen, aber immer noch nicht weit fortgeschritten.

---

124 https://fifpro.org/en/

125 Seit 2017 besteht als Interessenvertretung der Verein Athleten Deutschland e. V., der wirksamere Rechte für die Kaderathleten, vor allem gegenüber den Verbänden und dem Dachverband DOSB, fordert (https://athleten-deutschland.org). Er stellt als sportartenübergreifende, vom DOSB unabhängige Organisation im Rahmen einer insgesamt pluralen Struktur der Interessenvertretungen eine Art „Industriegewerkschaft" dar. Zu der Situation in den olympischen Sportarten international vergleichend Mittag et al. 2022.

Wie bereits erwähnt, ist der Frauenanteil der VDV-Mitglieder gering. Eine eigenständige Organisation bzw. Gewerkschaft ausschließlich von Spielerinnen zur Artikulation von *collective voice* besteht nicht. Ihre Gründung könnte eine spezifische Vertretung ihrer Interessen erleichtern, wäre aber ein voraussetzungsvolles Unterfangen, das erhebliche finanzielle und personelle Ressourcen erfordern würde und daher leicht scheitern könnte. Daher ist die Vertretung durch die VDV (wohl) die langfristig erfolgversprechendere Option.[126] – Einerseits könnte die VDV gegebenenfalls, wie Gewerkschaften in anderen Branchen, Unterstützung bei der Gründung von Betriebsräten leisten; andererseits können auch Betriebsräte ohne gewerkschaftliche Bindung eine Alternative sein.

Im Gegensatz zu anderen Wirtschaftszweigen bestehen also weder auf Vereins- noch auf Verbandsebene strukturierte Arbeitsbeziehungen mit gleichberechtigten Partizipationschancen der Spielerinnen bzw. ihrer Vertretungen; individuelle Vereinbarungen wurden bisher kaum durch kollektivvertragliche abgelöst. Die Etablierung geregelter Arbeitsbeziehungen ist im Frauenfußball (wohl noch) schwieriger als im Männerfußball. Derzeit bestehen Kollektivverträge, wie sie in anderen Branchen üblich sind, im Profifußball nur in wenigen Ländern (Marston et al. 2017, FIFA 2021). Weder die notwendige (individuelle) Verhandlungsmacht am Arbeitsmarkt noch die ebenfalls erforderliche (kollektive) Organisationsmacht sind derzeit vorhanden.

In Anbetracht dieser Situation fordern nationale und supranationale Verbände seit Jahren vehement den Abschluss von (Rahmen-) Tarifverträgen als wichtiges Element der *football governance*:

> Collective bargaining must be universally accepted and integrated in all relevant decision-making structures between

[126] Das während der Corona-Pandemie 2020 gegründete Netzwerk „Spieler-Bündnis" will als „Bündnis der Deutschen Fußballspieler und Fußballspielerinnen" „für mehr Solidarität, Transparenz und Mitbestimmung im Deutschen Fußball stehen" und deren Interessen gegenüber Vereinen und Verbänden vertreten (https://www.kicker.de/sie_nehmen_ihr_glueck_selbst_in_die_hand_das_spieler_buendnis-777807/artikel). Ein wirksamer Einfluss ist – zumindest bisher – nicht festzustellen.

employers and players. This shared responsibility is nothing more than good governance. The democratic checks and balances of institutionalised collective bargaining help redefine the governance of the game. In many cases, collective bargaining has been a vehicle for stability, growth and innovation. (FIFPRO 2017, 49, ähnlich 2020)

Hinsichtlich der Arbeitsbeziehungen hat also – im Gegensatz zu den anderen behandelten Dimensionen des Frauenfußballs – noch keine Professionalisierung stattgefunden, die zur notwendigen Voraussetzung hätte, dass die Mehrzahl der Spielerinnen als Vollprofis aktiv sein können. Insofern besteht erheblicher Nachholbedarf.

Das im Rahmen eines sektoralen Sozialdialogs der EU 2012 verabschiedete „Autonomous agreement regarding the minimum requirements for standard player contracts in the professional football sector" gilt im gesamten Organisationsbereich der UEFA ausschließlich für den Männerfußball; das Abkommen stößt auf erhebliche Umsetzungsprobleme (Keller 2016, 2018). Im Protokoll der Plenarsitzung des sektoralen Sozialdialogs Profifußball vom Dezember 2021 heißt es zu „Exchange of views on women's football":

UEFA informed on its initiatives to foster women's football as part of the UEFA 2019–2024 Strategy. UEFA gave an overview on the various objectives and the state of achievement in each area. Fifpro noted that not all delegates have the necessary expertise or mandate to cover the issues on women football. More specificity is clearly needed on the way forward. ECA informed about the ongoing work on shaping women's football, particularly in the context of its March 2021 Roadmap. UEFA suggested to have a more dedicated meeting to women football in the 2022 Plenary.[127]

[127] https://circabc.europa.eu/sd/a/668c770d-fbed-4e83-980a-3ee759738e0e/Foot-20211206-PL-min.pdf

Zur Frage der Vereinbarkeit von Familie und Beruf bzw. Familie und Karriere gilt, dass Mütter im gesamten Leistungssport nach wie vor eine rare Ausnahme sind. Im Jahr 2017 gaben bei einer internationalen Befragung nur zwei Prozent der antwortenden Spielerinnen an, Kinder zu haben (FIFPRO 2017). In der Saison 2021/2022 hatte nur eine einzige aktive Spielerin der Frauen-Bundesliga Kinder. Ähnlich gilt für England: „The number of professional women footballers who are mothers in the professional game is particularly low and is indicative of mothers in elite sports more broadly." (Culvi/Bowles 2021,n. p.)

Die FIFA führte jüngst eine verpflichtende Regelung ein, wonach während der Vertragslaufzeit Anspruch besteht auf ein mindestens 14-wöchiges Mutterschaftsgeld, das mindestens zwei Drittel des vereinbarten Gehalts beträgt, sowie auf Maßnahmen der Wiedereingliederung, die bisher nicht formuliert wurden. Entlassungen wegen einer Schwangerschaft werden untersagt.[128]

---

[128] https://digitalhub.fifa.com/m/033101649cc3c480

5 Kommerzialisierung

Die aktuelle Etappe der allmählichen Entwicklung des Frauenfußballs besteht vor allem aus seiner fortschreitenden Kommerzialisierung, die Fußball als Ware versteht und behandelt. Das wichtige Instrument der Kommerzialisierung, welches die Professionalisierung fördern und vorantreiben soll, sind Vermarktungsmaßnahmen mit dem Ziel, die Einnahmen der Vereine zu erhöhen. Damit verändern sich die Umweltbedingungen; die Zahl der beteiligten Akteure mit durchaus unterschiedlichen Interessenlagen und Erwartungen nimmt zu. Zudem werden die Wettbewerbsbedingungen im Sinne der bereits erwähnten *competitive balance* verändert.

5.1 Vermarktung der Medienrechte

Die Vermarktung der audiovisuellen Medienrechte kann kollektiv (für die gesamte Liga) oder individuell (durch die einzelnen Vereine) erfolgen. Die in Deutschland, wie in einigen anderen Ländern (u. a. England), realisierte kollektive Variante hat eine gewisse, in der Regel allerdings durchaus begrenzte Umverteilung finanzieller Ressourcen zugunsten der kleineren Vereine zur Folge (Wilkesmann et al. 2011). Diese Ausgleichsversuche bewegen sich im traditionell konflikthaften Spannungsfeld von echter Gleichverteilung und mehr oder weniger strikten Orientierung am sportlichen Erfolg der einzelnen Vereine; sie sollen der Planungssicherheit der Vereine dienen. Aus der getroffenen Regelung der Spreizung soll mittel- und langfristig eine Erhöhung der Wettbewerbsintensität bzw. eine Verbesserung der *competitive balance* resultieren. Dabei sind zwei Dimensionen zu unterscheiden: Eine Erhöhung des gesamten Ertrags verbessert bei Beibehaltung der Verteilungsregel die Erträge aller Vereine. Eine Veränderung der Verteilungsregel wirkt ausschließlich zugunsten kleinerer Vereine.

Die Liga als Interessenvertretung kann diese Form des Sponsoring, das eine wichtige Einnahmequelle für die Vereine darstellt, ausschließlich für Frauenmannschaften oder gemeinsam für Frauen- und Männermannschaften vertraglich vereinbaren; derzeit wird die getrennte Variante praktiziert. Bei der erweiterten Vermarktung handelt es sich aktuell besonders um die Medien-, vor allem um die lukrativen Fernsehrechte. Die Verträge mit Fernsehanstalten folgen auf deregulierten Medienmärkten der *no-single buyer rule*, die Wettbewerb bei der Vergabe der Übertragungsrechte und damit der Berichterstattung explizit zulässt bzw. sogar zur Voraussetzung macht. Die ausgehandelten Verteilungsregeln haben Einfluss auf die zu erreichende Reichweite der Übertragungen.

Das generelle Problem lässt sich folgendermaßen zusammenfassen:

> To a certain extent women's football is caught in a vicious circle. The lack of interest shown by the media and, as a result, by the general public leads to a corresponding lack of interest among sponsors, which in turn hinders the professionalization of women's football and prevents it from getting the public attention it deserves. (Pfister 2006, 113; ähnlich Hennies/Meuren 2011, 415 sowie Klein 2018, 96)

Fast 60 Prozent der Einnahmen resultieren derzeit aus Verträgen mit Sponsoren. Ihre durchschnittliche Zahl beträgt 23 pro Verein, ein im internationalen Vergleich überraschend hoher Wert (FIFA 2021, 33). Neben einigen großen Sponsoren, die vor allem bei Lizenzvereinen aktiv sind, finden sich besonders bei den anderen Vereinen auch Netzwerke kleinerer und mittelständischer Unternehmen, die häufig in der Region ansässig sind. Für diese Unternehmen entwickelt sich Sponsoring zu einem wichtigen, vermutlich sogar kostengünstigen Teil ihrer Marketingaktivitäten mit dem Ziel der Imagepflege und -verbesserung nicht nur des Vereins. Durchaus erstaunlich ist die Tatsache, dass die großen Sponsoren des Männerfußballs kaum in den Frauenfußball investieren.

Ungeklärt ist derzeit der Umfang der Erlöse des in jüngerer Zeit auftretenden *Merchandising*, d.h. des Verkaufs einer breiten Palette von Fanartikeln, die nicht nur aus Trikots und Schals besteht. Sie sollen nicht nur Zusatzeinnahmen generieren sondern auch die Identifikation mit dem Verein erhöhen. Insgesamt gilt: „... football clubs have something to offer to every segment of their target audience.“ (Kuyucu 2021, 1584) Diese Erlöse verteilen sich (wiederum) ungleich auf die Vereine. Die Grenzen zum Sponsoring sind bei einigen Maßnahmen fließend, wie Werbung auf Banden und Anzeigetafeln sowie Durchsagen und Anzeigen in Programmheften.

Zu den professionellen Vermarktungsstrategien gehören auch die Namensrechte: 2014 erwarb sie zunächst der Versicherungskonzern Allianz und nannte die Liga „Allianz-Frauen-Bundesliga“. Seit 2019 ist der Namenssponsor Flyeralarm, eine Würzburger Onlinedruckerei; die Liga trägt daher den offiziellen Namen „FLYERALARM Frauen Bundesliga“.[129]

Der Umfang der Sportberichterstattung in den Medien hat im Laufe der Jahrzehnte zugenommen. Zur Erinnerung: Anfang der 1990er Jahre erfolgt eine Ausweitung der Berichterstattung – über Männerfußball – durch die neuen privaten Fernsehsender. „Ran“ bei Sat.1 war die erste regelmäßige Sendung. Eine Folge war die Ausdehnung der Übertragungszeiten, vor allem durch die Einblendung umfangreicher Werbeblöcke. Zu erwähnen ist weiterhin die sonntägliche Sendung „Doppelpass“ des Nischensenders Sport1.[130]

Allerdings findet Frauensport generell nur wenig Beachtung bzw. Wertschätzung, wobei der Frauenfußball – im Gegensatz u.a. zu Basketball, Handball oder Eishockey – noch am ehesten vorkommt (Pfister 2015b). Sein Anteil an der gesamten Sportberichterstattung dürfte nach wie vor im einstelligen Prozentbereich liegen. Viele Jahre fand Frauenfußball, abgesehen von internationalen Großereignissen wie EM oder WM, in der medialen Berichterstattung nur wenig

---

[129] https://www.dfb.de/flyeralarm-frauen-bundesliga/start/

[130] https://www.sport1.de/news/doppelpass/info

Beachtung (Pfister 2015a, Nieland 2020). Die regulären, beliebten Sportsendungen des Leitmediums Fernsehen, vor allem die ARD-Sportschau und das ZDF-Sportstudio, berichteten selten über Frauenfußball.[131] Die erste Liveübertragung war das Halbfinale Deutschland gegen Italien bei der EM 1989.[132] Erst bei der EM-Endrunde 2001 werden sämtliche Spiele der deutschen Mannschaft live übertragen. Ähnlich ungünstige Voraussetzungen gelten für die Berichterstattung in den überregionalen Printmedien.[133]

Ähnlich wie in Deutschland stellt sich die Entwicklung der medialen Berichterstattung über Frauenfußball in England dar:

> A wide body of research has demonstrated that women's sport continues to be greatly underrepresented in the media but our findings are important as they demonstrate that during this tournament (the 2015 FIFA Women's World Cup, B. K.), women's football received a significant amount of print media coverage and that this coverage was largely positive. (Petty/Pope 2019, 486)

Allerdings hat dieser Effekt kaum dauerhafte Wirkungen.

Diese lange anhaltende Situation ändert sich derzeit durch intensivierte Vermarktung: Die Vergabe der Medienrechte regelt ab der Saison 2021/2022 ein neuer, verbesserter TV-Vertrag. Sämtliche Bundesligaspiele werden nunmehr vollständig unter professionellen Bedingungen produziert und im (Bezahl-)Fernsehen bei der Telekom-Plattform magentaSport live übertragen.[134] Hinzu kommt freitags die Übertragung eines Spiels bei dem Sender Eurosport,

---

131 Vgl. zu den Anfängen der Berichterstattung über Frauenfußball im Fernsehen den „Klassiker" des aktuellen Sportstudios aus dem Jahre 1970: https://www.watson.de/sport/unvergessen/587829717-frauenfussball-sexismus-im-aktuellen-zdf-sportstudio-im-jahr-1970.

132 Für (ältere) Nostalgiker: 4:3 i. E.

133 Ausnahmen wie FAZ, SZ und taz gehen über die übliche aktuelle Ergebnisberichterstattung hinaus und bringen gelegentlich auch Hintergrundberichte.

134 www.magentasport.de

der ohne Zusatzzahlungen zu empfangen ist, sowie regelmäßig samstags die Zusammenfassung eines weiteren Spiels in der ARD-Sportschau.

Dieser Verkauf der Übertragungsrechte, der einen weiteren Schritt der Kommerzialisierung bedeutet, verfolgt mehrere Ziele. Er soll vor allem zusätzliche Einnahmequellen erschließen, aber auch Bekanntheitsgrad und Popularität der Frauen-Bundesliga bei weiteren Zielgruppen verbessern, Sichtbarkeit in der Öffentlichkeit bzw. Reichweite in den Print- und sozialen Medien erhöhen sowie die Attraktivität der Liga für neue, zahlungskräftige Sponsoren steigern.

Es bleibt abzuwarten, ob sich mittel- und langfristig die Reichweite der Live-Übertragungen tatsächlich erheblich steigern lässt; kurzfristig bleibt die Resonanz in einem nach wie vor schmalen Marktsegment begrenzt. Diese (weitere) Zerstückelung von Spieltagen bzw. „Entzerrung" der Anstoßzeiten durch fernsehgerechte Aufspaltung rückt von der früheren Regelanstoßzeit am Sonntag um 14 Uhr immer weiter ab. Ihre mittel- und langfristigen Folgen, die gleichermaßen für Stadionbesucher wie Fernsehzuschauer sowie für das Ergebnis der intensivierten Vermarktungsversuche entstehen, sind, da sie Opportunitätskosten verursachen, noch nicht abzusehen. Letztendlich legen die Fernsehanstalten, welche die Übertragungen finanzieren, deren Rahmenbedingungen fest.

Der im Herbst 2022 vom DFB erstmals eigenständig ausgehandelte Vertrag über die Vergabe der Medienrechte für die Spielzeiten 2023/2024 bis 2026/2027 setzt den eingeschlagenen Kurs fort.[135] Die Lizenzeinnahmen aus der nationalen Vermarktung der audio-

---

135 Im Rahmen dieser Verhandlungen versuchte der DFB durchzusetzen, deren Produktion und damit ihre Vermarktung selbst zu übernehmen. Außerdem sollten ab der Saison 2022/2023 einige „Highlight-Spiele" in großen Stadien, in denen bisher nur Männerfußball stattfindet, ausgetragen werden. Die Zahl der Spiele, die im Free-TV gezeigt werden, sollte zunehmen, die Verteilung der Rechte breit auf möglichst viele Sender erfolgen. Die Vermarktung der TV-Rechte sollte erstmals eigenständig erfolgen, d. h. ohne die bisherige Koppelung an die dritte Liga der Männer.

visuellen Medienrechte steigen deutlich (auf jährlich 5,17 Mio. Euro).[136] Im europäischen Vergleich werden sie nur von der englischen Women's Super League übertroffen, bleiben aber trotz dieses „Quantensprungs" weiterhin deutlich unterhalb derer des Männerfußballs. Die Übertragungsrechte aller Spiele liegen weiterhin im Pay-TV bei MagentaSport sowie nunmehr parallel auch bei der Streaming-Plattform DAZN.[137] ARD und ZDF übertragen zehn Spiele pro Saison live im Free-TV. Highlights bieten alle Sender an.

Die Regeln über die Verteilung der deutlich gestiegenen Beträge an die einzelnen Vereine legen die DFB-Gremien erst später fest. Bei der Lösung dieses für die weitere Entwicklung entscheidenden Problems bestehen verschiedene Optionen, die von einer Gleichverteilung der Einnahmen bzw. Gleichbehandlung aller Vereine bis zur mehr oder weniger ausgeprägten Bevorzugung einzelner Vereine nach bestimmten (Leistungs- bzw. Erfolgs-)Kriterien reichen. Die inzwischen langjährigen Erfahrungen des Männerfußballs, bei dem lediglich bis Mitte der 1990er Jahre eine Gleichverteilung erfolgte, lassen die Prognose einer deutlichen Ungleichverteilung plausibel erscheinen – was nicht zur Verbesserung der bereits erwähnten *competitive balance* bzw. der Wettbewerbsfähigkeit aller Vereine beitragen würde.

Auch die Verteilung der steigenden Einnahmen zwischen erster und zweiter Bundesliga bedarf der Klärung; im Männerfußball ist auch diese Verteilung recht ungleich zugunsten der ersten Bundesliga. Auch die Entwicklung der Abopreise, die aus Sicht der Anbieter mittel- und langfristig die erheblich gestiegenen Kosten decken müssen, bleibt ungewiss. Schließlich sind die Folgen für die Verteilung von Fernseh- und Livefußball nicht abzusehen.

---

136 https://www.dfb.de//news/detail/medienrechte-frauen-bundesliga-dringt-in-neue-dimensionen-vor-244972/

137 Der Sport-Streaminganbieter DAZN (https://dazngroup.com) konzentriert sich derzeit auf den Männerfußball und überträgt einen Teil der Bundesliga- sowie die Mehrzahl der Champions League-Spiele. Weitere Investitionen in Sportrechte bzw. mehr Übertragungen sind geplant. Zur Erreichung von Profitabilität sind größere Abonnentenzahlen notwendig.

Ob durch die auch im neuen Medienvertrag gegebene Dominanz der Pay-TV Sender die offiziell erhoffte größere Sichtbarkeit des Frauenfußballs zukünftig erreicht wird, bleibt abzuwarten. In der Saison 2019/2020 betrug die durchschnittliche Zuschauerzahl bei Spielen im Free-TV lediglich 100.000 (DFB 2021a); in der Saison 2020/2021 stieg sie auf 150.000 (DFB 2022). Die Reichweite liegt damit zwar über der anderer Sportarten, wie Basketball, Eishockey und Volleyball, aber unterhalb der des Hallenhandballs. Wiederholt vorgebrachte aktuelle Forderungen lauten, eine größere Zahl von Spielen bei den frei zugänglichen öffentlich-rechtlichen Sendern zu übertragen, um die Wahrnehmung in der Öffentlichkeit zu verbessern. ARD und ZDF wären in der Lage, sich weniger als private Anbieter auf die Einschaltquoten zu konzentrieren.

Die Spieltage erstrecken sich nunmehr über vier Tage.[138] Die bereits im vorherigen Medienvertrag eingeführte Zerstückelung der Spieltage wird damit fortgesetzt, einschließlich eines Spiels am Montagabend als „Alleinstellungsmerkmal" gegenüber dem Männerfußball. Ob dieser längere Zeit diskutierte, nunmehr realisierte Vorschlag zum Erfolg führen wird, kann in Anbetracht der vorliegenden Erfahrungen bezweifelt werden: In den Profiligen des Männerfußballs werden die jahrzehntelang ausgetragenen, „fanunfreundlichen" Montagsspiele wieder abgeschafft. Die dritte Liga folgt als Letzte zum Ende der Saison 2022/2023.

Zu den bekannten Gründen, u. a. vehementen Fanprotesten, kommt im Frauenfußball die Tatsache, dass die Mehrzahl der Spielerinnen anderweitige berufliche Verpflichtungen hat, sodass die Vereinbarkeit von Beruf und Sport schwieriger wird. Möglichen Vorteilen durch mehr Fernsehzuschauer können Nachteile durch weniger Stadionbesucher entgegenstehen. Schließlich können sog. „Highlight-Spiele" zwischen Spitzenmannschaften wegen Ver-

[138] Ein Spiel findet am Freitagabend statt, zwei Spiele zeitversetzt am Samstag sowie am Sonntag, ein Spiel am Montagabend. Parallel zu diesem Medienvertrag wurde vereinbart, dass ARD und ZDF weiterhin alle Spiele der Nationalmannschaft übertragen.

pflichtungen in der Champions-League, deren Spiele Mitte der Woche ausgetragen werden, kaum montags stattfinden.

Eine Erweiterung der an Bedeutung zunehmenden Vermarktung nicht nur der nationalen, sondern auch der internationalen Medienrechte, vor allem auf dem nordamerikanischen Markt, erfolgt ebenfalls erstmals ab der Saison 2021/2022.[139] Die langfristigen Erfolgsaussichten dieses Projekts einer globalisierten Auslandsvermarktung hängen ab von der Attraktivität der Spiele für die jeweiligen Fernsehzuschauer, wobei bisher vor allem die englische Women's Super League erfolgreich ist.

5.2 Print- und soziale Medien

Die Berichterstattung in den Printmedien erfolgt zum einen in den Sportteilen der Tageszeitungen, zum anderen in überregionalen Fachzeitschriften, die sich auf Fußball spezialisieren. Darüber hinaus nehmen die online-Medien inzwischen eine wichtigere Position ein. Eine täglich erscheinende Fußball- bzw. Sportzeitung gibt es im Gegensatz zu anderen Ländern, wie vor allem Italien, nicht.[140]

Die seit langem etablierten, auflagenstarken Printmedien, vor allem das traditionell wichtigste Kicker-Sportmagazin, berichten (fast) ausschließlich über Männerfußball. Dieser Sachverhalt lässt sich am Beispiel des bereits seit 1963 jeweils vor Saisonbeginn erscheinenden „Kicker-Sonderhefts Bundesliga" belegen. Das Heft für die Saison 2021/2022 behandelt nach der ersten auch die zweite und dritte Bundesliga, widmet aber der Frauen-Bundesliga ganze sechs seiner 270 Seiten.[141] In dem Heft für die Saison 2022/2023

[139] Die Streaming-Plattform ata football, „the global home of women's football", erwarb eine Sublizenz der Telekom AG und zeigt ausgewählte Spiele live und vollständig sowie später on demand (https://www.atafootball.com).

[140] Als Überblick zur gesamten Fußballberichterstattung Jacke/Kleiner 2007.

[141] Das bis dato einzige Sonderheft zum Frauenfußball erschien 1990 zur ersten Saison der damals zweigleisigen Frauen-Bundesliga unter dem Titel „Damen-Fußball-Bundesliga 90/91".

wird Frauenfußball gar nicht erwähnt. Anderseits informiert der Kicker inzwischen in seiner online-Ausgabe über aktuelle Ereignisse in den Ligen und Wettbewerben des Frauenfußballs.[142] In der (auch ansonsten üblichen Form der) „1:0-Berichterstattung" zum aktuellen Spieltag findet die ‚Flyeralarm Frauen-Bundesliga' (mit zahlreichen Tabellen und Statistiken) Beachtung; seit Ende 2020 gibt es außerdem eine Kolumne ‚Zur Lage im Frauenfußball', welche vor allem ‚die Lage in der Bundesliga' behandelt.

Weiterhin erscheint seit 1988 einmal wöchentlich im Axel Springer Sport Verlag GmbH die auflagenstarke Sport Bild.[143] Sie liefert nach eigenen Angaben „ihren Lesern alle wichtigen Nachrichten aus dem Bereich des Sports. Wo andere Sportmagazine auf schlichte Nachrichtenerstattung setzen, punktet die SPORT BILD mit fundierten Analysen und exklusiven Hintergrundberichten."[144]

Zwar liegt „ein Schwerpunkt auf der Fußball-Berichterstattung" über nationale und internationale Ereignisse. Dem Frauenfußball kommt eher eine nur marginale Bedeutung zu. Art und Qualität der Berichte lassen sich – auch ohne weitere Kommentierung – beispielhaft an Überschriften von Artikeln verdeutlichen, die während der Frauen-EM 2022 erschienen sind: „Sie verdient Geld mit Instagramm: Giulia Gwinn ist unsere Social-Queen." „Engländerinnen wehren sich gegen weiße Hosen." „Deutschland siegt mit Kopf und Zopf." „Hier spricht unser EM-Paar." „Die Schlaf-Gewohnheiten unserer EM-Frauen." „Englands nackter Jubel-Wahnsinn." „Das Frust-Protokoll unserer EM-Heldinnen." Bei besonderen Themen gibt es „Weiterlesen mit Bild+". Ein Vergleich mit Überschriften und Inhalten von Artikeln in überregionalen Tageszeitungen wie FAZ, SZ oder taz bietet sich an …

---

142 Man muss auf der Internetseite des Kicker unter „Fußball" auf „Frauen" klicken – oder eingeben https://www.kicker.de/frauen/startseite.

143 https://sportbild.bild.de

144 https://www.ikiosk.de/shop/epaper/sport-bild.html

Seit dem Jahr 2000 erscheint als (eher) ungewöhnlicher Gegenentwurf bzw. Alternative zum Kicker 11 Freunde, das „Magazin für Fußballkultur". Es favorisiert in seinen Darstellungsformen, die auf verschiedene Kontexte „abseits der Spielergebnisse" ausgerichtet sind, den Männerfußball, in historischen wie aktuellen, häufig (leicht) ironisch-intellektualisierenden, farbig-bildreichen Beiträgen. Die Zeitschrift, die sich im Gegensatz zu anderen dauerhaft etablieren konnte und zum „perhaps the most widely read German fanzine" (Brand/Niemann 2018, 10) wurde, bringt aber gelegentlich, etwa vor internationalen Turnieren, auch Beiträge zum Frauenfußball, die über die Berichterstattung zu tagesaktuellen Ereignissen hinausreichen.[145]

Durch diese anhaltende Vernachlässigung bzw. mangelnde Wertschätzung des Frauenfußballs seitens der etablierten Fachzeitschriften entstanden im Verlauf seiner allmählichen Professionalisierung in den vergangenen Jahren Freiräume für eine Reihe eigenständig-spezialisierter, zunehmend auch virtueller Veröffentlichungen mit recht facettenreichen Ausrichtungen und unterschiedlichen Zielen.

Ich nenne nur einige, die derzeit erscheinen (zu einer älteren Liste Diketmüller 2012):[146]

Seit 2019 erscheint viermal im Jahr das „ELFEN Magazin. Die Zeitschrift der Frauen Bundesliga" , das bestimmte Zielgruppen erreichen soll, nach eigenen Angaben „Fußball- und Lifestyle-interessierte Frauen und Männer, Fans der FLYERALARM Frauen-Bundesliga, Trend- und Meinungsleser:innen, Sportbegeisterte". Das Programm ist recht bunt und breiter gefächert als bei den etablierten Zeitschriften:

---

[145] Das Magazin, „das mit Leidenschaft, Humor und Selbstironie auf den Fußball und seine Kultur blickt", brachte von 2009 bis 2012, ursprünglich wohl mit Blick auf die Marktlücke vor der Frauen-WM 2011, die vierteljährliche Beilage „11 Freundinnen".

[146] Vgl. zur Berichterstattung über die laufenden Ereignisse das Frauenfußball-Portal https://www.soccerdonna.de/de/

> ELFEN zeigt die Welt des Frauenfußballs, des Lifestyles und Business. Die FLYERALARM-Frauen-Bundesliga gewinnt immer mehr an Bedeutung, hat so viele spannende Geschichten und Persönlichkeiten. Wir beleuchten Aktuelles und Historisches, begleiten die Entwicklungen genau und sind so DIE Community zum Thema Frauenfußball. [147]

Die bunten Hefte enthalten viele große, farbige Bilder (häufig junger Frauen), präsentieren unkritisch die heile Welt des (Frauen-) Fußballs in allen seinen seichten Facetten vor allem jenseits profunder Befunde zum eigentlichen Spiel und seiner sachbezogenen, taktisch-technischen Analyse, personalisieren den Sport auf wenige, attraktive Repräsentantinnen – und bringen zudem viele, häufig ganzseitige Werbeanzeigen.[148] Dieses aktuelle Magazin bestätigt (erneut) den älteren, längst überwunden geglaubten Befund zur Sportberichterstattung, „dass bei Sportlerinnen ein ästhetisches und erotisches Erscheinungsbild ins Zentrum der Berichterstattung tritt, während Sportler als aktive und starke Männer dargestellt werden" (Sobiech 2006, 156).[149] Grundsätzlich ist – wie in Bezug auf den Männerfußball – zu hinterfragen, welche Aufgaben Sportjournalismus hat bzw. eigentlich haben sollte. Eine kritische Berichterstattung erfolgt kaum.[150]

Abzuwarten bleiben die Folgen dieser aktuellen Entwicklung, vor allem ihrer inhaltlichen Orientierung. Dabei ist auch im deutschen Kontext eine aktuelle englische Untersuchung über mediale Berichterstattung relevant, die explizit zwischen *task relevant* (bezogen auf fußballspezifische) und *task irrelevant* (bezogen auf

---

147 https://elfen-magazin.com

148 Die Auflagenhöhe wird nicht genannt.

149 Vgl. allgemein zum Problem in der arte-Mediathek auch die vierteilige Serie „Frauen im Muskelfieber", vor allem Teil 3 „Ziehen Sie sich aus" (https://www.arte.tv/de/videos/107070-003-A/frauen-im-muskelfieber-3-4).

150 Vgl. zur von mir nicht ausführlich behandelten Kritik der Fußballberichterstattung zusammenfassend Postel 2018. Vgl. zur laufenden kritischen Sportberichterstattung auch https://www1.wdr.de/fernsehen/sport-inside/index.html

Aspekte wie Privatleben oder Äußerlichkeiten wie Aussehen) Berichten unterscheidet (Petty/Pope 2019). Beim Männerfußball ist schon seit geraumer Zeit

> eine zunehmende Umfeldberichterstattung festzustellen, die sich nicht mehr alleine auf Liveübertragungen oder Zusammenfassungen von Spielen beschränkt, sondern zahlreiche ergänzende Facetten des Fußballspiels beleuchtet und insbesondere außersportlichen Themen und Fragestellungen breiten Platz einräumt (Mittag/Nieland 2007, 22).

Eine zeitliche Ausdehnung und thematische Ausdifferenzierung der Berichterstattung über Frauenfußball ist in den vergangenen Jahren zu beobachten. Zumindest bei einigen der genannten aktuellen Magazine ist ebenfalls eine (gewisse) Infotainisierung auszumachen; Personalisierung im Sinne einer strikten Koppelung von Berichterstattung an und Konzentration auf einzelne Akteure, vor allem Spielerinnen, gelegentlich auch Trainerinnen, ist ein offensichtlicher Trend, wobei Erotisierung bzw. Sexualisierung eine Rolle spielen.

Der Schwerpunkt der Betrachtung verschiebt sich im Sinn der erwähnten Unterscheidung von *task relevant* zu *task irrelevant.* Der Frauenfußball befindet sich auf einem Weg, den der bereits durchkommerzialisierte Männerfußball längst gegangen ist, nämlich in einem Teil der Medien als „Medienfußball" als weitere Branche in die wachsende Unterhaltungsindustrie bzw. das *show business* des Fußballs einzugehen. Für die mediale Darstellung gilt seit Längerem:

> Im Laufe der … Jahre werden Sportler immer weniger im Zusammenhang mit ihrer ‚genuinen Tätigkeit' – dem Sport – dargestellt; sie wandern in die Rubrik ‚People'Society'. Emotionalisierung heißt also, dass vermehrt soft skills transportiert werden. (Ballensiefen/Nieland 2007, 346)

Weiterhin gibt es seit 2019 den ausschließlich von Frauen produzierten Podcast: „FRÜF Frauen reden über Fußball", sowohl den der Frauen als auch den der Männer. „FRÜF ist keine Sportschau in Rosa und keine Analyse von Spielerfrauen-Instagram-Profilen – bei FRÜF geht es um Fußball. Punkt. Wir geben dabei weiblichen Perspektiven und Stimmen eine Plattform, die in anderen Sendungen einfach viel zu selten auftauchen – weil wir es können." [151] Außerdem erscheint seit 2014 zweimonatlich das Magazin „FFussball – Das Frauenfußball Magazin"[152]. Schließlich besteht seit Ende 2021 der von Sportjournalistinnen produzierte Podcast des Kicker „FE:male view on football"[153], „der weibliche Blick auf den Fußball" in Form von Interviews mit männlichen und weiblichen Persönlichkeiten.

Neben den traditionellen Print- nimmt die Bedeutung der neuen sozialen Medien (allmählich) zu.[154] Die leichte Verfügbarkeit von online-Portalen hilft, die Anzahl der Angebote zu vergrößern. Sie erhöhen durch die große Zahl ihrer *follower* Reichweite bzw. Aufmerksamkeit erheblich, verzeichnen steigende Beachtung für und bei Aktiven, Anhängern sowie potentiellen Sponsoren und eröffnen dadurch weitere Vermarktungsmöglichkeiten.[155]

Schließlich versuchen inzwischen auch die Vereine, ihre Vermarktungsoptionen gegenüber Fans, Öffentlichkeit und Sponsoren durch Internetauftritte, u. a. durch professionelle Gestaltung ihrer

---

151 https://www.fruef.de

152 https://www.ffussball-magazin.de

153 https://www.she-works.de/podcasts-videos/kicker-setzt-auf-frauen-power-anpfiff-fuer-den-female-view-on-football-podcast/2021/11/16/

154 Das Onlinemagazin „Rund – Das Fußballmagazin" berichtet fast ausschließlich über Männerfußball (https://www.rund-magazin.de). Zeitspiel, „das Magazin für die Ereignisse und Entwicklungen im Fußball, die in der gewöhnlichen Berichterstattung keine Berücksichtigung finden", publizierte 2019 ein Schwerpunktheft mit dem Titel „Die andere Hälfte: Frauen und Fußball" (https://Zeitspiel-Magazin.jimdosite.com). Ab Mitte 2022 erscheint „FiDo – Frauenfußball in Deutschland online", das erste Webmagazin ausschließlich für Frauenfußball (https://fido.media).

155 Zu Einzelheiten DFB 2021a, international-vergleichend FIFA 2021.

Homepages und Vermittlung detaillierter Informationen über eigene Kommunikationskanäle, zu beeinflussen (Lelek/Klein 2011). Die Bedeutung der sozialen Medien wurde nicht nur während der Covid-19 Pandemie deutlich, sondern wird weiter zunehmen.

Schließlich sind einige spezialisierte Ausstellungen zu erwähnen. Das lange Zeit auf den Männerfußball fixierte Deutsche Fußballmuseum widmete erst 2021 eine online-Ausstellung (!) der Entwicklung des Frauenfußballs (Deutsches Fußballmuseum 2021). Eine weitere Ausnahme war zu Beginn der 2000er Jahre die Wanderausstellung „Verlacht, verboten und gefeiert" (Hoffmann/Nendza 2006).) In den vergangenen Jahren gab es die vom Projekt „Fan.tastic Females – Football Her.Story" organisierte Wanderausstellung über Frauen in den Fanszenen Europas.[156]

Zu erwähnen bleiben abschließend noch Sportwetten, die einerseits als boomende Branche inzwischen erhebliche Umsätze generieren, andererseits aber auch auf Kritik stoßen, u.a. weil sie zu Spielsucht und erheblichen Einkommensverlusten, nicht nur bei aktiven Spielern, führen können.[157] Sie haben im Frauenfußball eine geringere Bedeutung im Vergleich zum Männerfußball als wachsende Branche bzw. Produkt der Unterhaltungsindustrie, die sich in verschiedenen Ländern als anfällig für Manipulationen von Spielen erwies, wiederholt Wettskandale erlebte und in den Verdacht der Geldwäsche geriet.

Der Sportwettenanbieter bwin unterhält seit 2017 eine Partnerschaft mit dem DFB, die sämtliche Werberechte nicht nur die Wettbewerbe im Profibereich der Männer umfasst. Bwin ist zugleich der offizielle „Ligapartner" der Frauen-Bundesliga sowie der Frauen-Nationalmannschaft.[158]

---

[156] https://www.fan-tastic-females.org/index.php/de

[157] Das Bündnis gegen Sportwettenwerbung setzt sich ein für eine weitgehende Einschränkung von Werbung durch entsprechende politische Entscheidungen (https://buendnis-gegen-sportwettenwerbung.de).

[158] https://www.dfb.de/verbandsstruktur/partner-des-dfb/bwin/

6 Exkurs: Aktuelle Entwicklungen in anderen Ländern

Neben den aktuellen Trends auf nationaler Ebene sind Entwicklungen auf internationaler, vor allem auf europäischer Ebene relevant für die Entwicklung des Frauenfußballs. Internationale Vergleiche zeigen, dass in den vergangenen Jahren in mehreren europäischen Ländern, insbes. den anderen *big five* des Männerfußballs (England Frankreich, Italien, Spanien), die Professionalisierung des (Profi-)Frauenfußballs systematischer vorangetrieben wurde als in Deutschland.[159]

Das deutlichste Beispiel ist England, das „Mutterland des Fußballs", mit der am weitesten fortgeschrittenen Professionalisierung seiner Profiliga (u. a. FC Arsenal, Chelsea, Manchester City, Manchester United, FC Liverpool).[160] Alle Spielerinnen sind Vollprofis und verfügen über Vollzeitverträge (zu Einzelheiten Culvin 2021). Die Women's Super League (WSL) mit ihren 14 Vereinen hat sich in den vergangenen Jahren zur einzigen vollständig professionalisierten Liga entwickelt (Brazier 2017, Culvin 2021). Die 2010 eingeführte WSL (WSL Tier 1 and Tier 2) wird seit einigen Jahren, u. a. im Rahmen eines Masterplans der Football Association (FA), systematisch von Vereinen und Verband gefördert. Die finanzstarken Lizenzvereine sind die Selbstverpflichtung eingegangen, in den Frauenfußball zu investieren; sie können daher eher als andere auch ausländische (Spitzen-)Spielerinnen verpflichten. Neben dieser Form der Professionalisierung garantiert die Vermarktung durch einen lukrativen Fernsehvertrag wesentlich höhere Einnahmen als in der Vergangenheit oder in vergleichbaren Ländern.

159 Die ehemals gegebene Dominanz skandinavischer Vereine bzw. ihrer Ligen gehört der Vergangenheit an. Vgl. zu ihrer Professionalisierung die ausführliche Fallstudie von Kjaer/Agergaard 2013.

160 https://wikipedia.org/wiki/FA_Women's_Super_League

Schließlich besteht ein finanziell attraktiver Sponsorenvertrag (mit der Bank Barclays).

Erfolge blieben nicht aus: Die Zuschauerzahlen der WSL haben sich verdoppelt und sind deutlich höher als in Deutschland, die Präsenz im Fernsehen und damit die Aufmerksamkeit ist größer,[161] die zielgerichtete, intensivierte Vermarktung führt zu höheren Einnahmen. Inzwischen gewinnen englische Mannschaften auch europäische Titel, die Nationalmannschaft erreicht europäisches Spitzenniveau. Mit weiteren Steigerungen ist aufgrund der gegebenen, vor allem finanziellen Voraussetzungen zu rechnen.[162]

Die USA stellen, u. a. wegen der Regelungen in Title IX of the Education Amendments Act (1972) zur ausgewogenen Sportförderung von Frauen und Männern an Highschools, einen Sonderfall dar. In der Vergangenheit scheiterten mehrere Versuche, eine Profiliga des *foreign sport* Fußball bzw. *soccer* zu etablieren. Seit 2013 besteht die National Women's Soccer League (NWSL). Zu beachten ist im Vergleich, dass die Spielerinnen der Nationalmannschaft – im Gegensatz u. a. zu Deutschland – teils beim Verband angestellt sind. Die Frauenmannschaft ist mit vier WM-Titeln, wie der Frauenfußball insgesamt, wesentlich erfolgreicher als die der Männer[163], allerdings ohne dass die bestehenden Ungleichheiten (im Sinne von gleicher Bezahlung bei gleicher Leistung) beseitigt wurden.[164]

Nach einem langwierigen Rechtsstreit sowie Kollektivverhandlungen erfolgte schließlich 2022 ein Vergleich über *equal pay*-Regelungen zwischen der Gewerkschaft, welche die Klägerinnen vertritt, und dem Verband US Soccer. In Zukunft sollen bei internationalen Turnieren, wie Weltmeisterschaften, die Nationalmannschaften der Frauen und Männer gleiche Beträge (einschl. Prä-

---

161 https://www.bbc.com/sport/football/womens

162 Die großen Lizenzvereine in Frankreich (Olympique Lyon, Paris Saint Germain) und Spanien (FC Barcelona, Atlético Madrid, Real Madrid) sind andere Beispiele für die aktuelle internationale Entwicklung der weiteren Professionalisierung.

163 Zum internationalen Vergleich der Erfolgsaussichten beider Nationalmannschaften Lago et al. 2022.

164 Zu Fragen der Gleichbehandlung Rapinoe 2020.

mien und Boni) erhalten. Ein Teil der Einnahmen des Verbandes (u. a. aus Ticketverkäufen und Sponsoring) wird ebenfalls gleich verteilt. Bisher entgangene Einnahmen sollen nachgezahlt, Frauen- und Mädchenfußball gefördert und finanzielle Hilfen nach der Karriere geleistet werden. [165]

Derartige Regelungen sind nach wie vor die Ausnahme. Der Verband Norwegens war der erste, der 2017 durch aktive Umverteilung gleiche Bezahlung für seine Männer- und Frauenmannschaft einführte. In einigen weiteren Ländern, u. a. in den Niederlanden und Spanien, aber auch Brasilien, bestehen inzwischen ähnliche Regelungen.

In der spanischen Primera División kam es Ende 2019 nach gescheiterten Verhandlungen mit dem Verband der Klubbesitzer zu einem Streik der Spielerinnen mit dem Ziel der Verbesserung ihrer Arbeits- bzw. Vertragsbedingungen. Dieser Streik um den Abschluss eines (Rahmen-)Tarifvertrages, der der erste im europäischen Frauenfußball war, führte zum Erfolg, d. h. zur Einführung eines Mindestjahresgehalts (von 16.000 Euro) sowie zu Vollzeitverträgen. – 2017 traten Spielerinnen der dänischen Nationalmannschaft nicht zu einem Freundschaftsspiel an und forderten eine Erhöhung der Entgelte.

Tarifverträge wären wohl auch in weiteren Ländern nur mit Hilfe von Arbeitskämpfen durchzusetzen, die, wie bereits erwähnt, zu den Rechten von Arbeitnehmern gehören. Streiks würden trotz der skizzierten Internationalisierung des Fußballs (wohl) ausschließlich auf nationaler Ebene geführt werden können. In einigen (männlichen) Profisportarten der USA, wie Baseball und Eishockey, kam es nicht nur zu Streiks, sondern auch zu Aussperrungen, der Gegenmaßnahme der Arbeitgeber bzw. Vereine (Mittag 2018).

---

165 Vgl. zu Geschichte und Perspektiven des weit entwickelten collective bargaining im Profisport der USA Dworkin 2016.

7 Zusammenfassung und Ausblick

7.1 Zusammenfassung

Der DFB hatte 1955 durch einstimmigen Beschluss ein Verbot des „Damenfußballs“ verfügt. Dieses Verdikt hatte bis zu seiner Aufhebung 1970 die Entwicklung verzögert und den Charakter einer „Nischen- bzw. Randsportart“ zementiert. Mehr als ein halbes Jahrhundert nach seiner offiziellen Anerkennung hat sich der Frauenfußball durch (Teil-)Professionalisierung dauerhaft etabliert und nachhaltig modernisiert, allerdings ohne (schon) die Gleichberechtigung mit dem Männerfußball und/oder den Durchbruch zum Massensport erreicht zu haben. Insofern ist der Frauenfußball durchaus Teil der häufig zitierten Erkenntnis, dass Fußball ein „Spiegelbild der Gesellschaft“ ist. Insgesamt gilt: „… women's football is still very far away from attracting the same public interest, attendances, media coverage and revenues as the men's game“ (Klein 2018, 97).

Dieser Prozess der (Teil-)Professionalisierung verlief insgesamt langsam, in den behandelten Dimensionen unterschiedlich und nicht kontinuierlich; Phasen eines raschen Wachstums folgten solche relativer Stagnation. Eine vollständige Professionalisierung ist – im Gegensatz zur aktuellen Entwicklung vor allem in England – (noch) nicht erreicht und wird, wenn die bisherige Geschwindigkeit beibehalten wird, noch lange dauern. M. a. W.: Die vielfach zitierte, von Joseph Blatter Mitte der 1990er Jahre formulierte optimistische Prognose, wonach „die Zukunft des Fußballs weiblich“ sei, ist (zumindest für den Frauenfußball in Deutschland noch) nicht eingetreten (ähnlich Meier 2021).

In den vergangenen Jahrzehnten fanden die skizzierten Entwicklungen in verschiedenen Dimensionen statt: In den frühen Phasen erfolgten allmähliche Veränderungen der Organisationsformen von Spielbetrieb und bundesweiten Ligenstrukturen, die inzwischen einen hohen Grad der Professionalisierung erreicht haben. Wesentlich später passierte eine (wohl) dauerhafte, eindeutige Verschiebung der Kräfteverhältnisse zugunsten der Frauenmannschaften von Lizenzvereinen und damit in zunehmendem Maße zu Lasten der kleineren Vereine. Demgegenüber erfolgt die Professionalisierung von Arbeitsmarkt und insbesondere Arbeitsbeziehungen nur allmählich bzw. bleibt hinter anderen Dimensionen zurück. Aktuell erfolgt eine fortschreitende Kommerzialisierung vor allem durch eine intensivierte Vermarktung der Medienrechte.

Insgesamt ergibt sich eine allmähliche und zunehmende Angleichung – und bewusste oder unbewusste Orientierung – an (Organisations-)Strukturen, die den „Wettkampfsport" Männerfußball längst entscheidend geprägt haben. Der Spielbetrieb der nationalen Liga ist in langfristiger Perspektive durch eine deutliche Qualitätsverbesserung, u. a. in Bezug auf Athletik, Technik, Taktik und Tempo, gekennzeichnet.

Diese Trends werden sich aufgrund der eingeschlagenen Pfadabhängigkeit sowohl bei den Aktiven als auch im Umfeld der Vereine fortsetzen, wenn nicht sogar verstärken. Die bereits bestehende Kluft zwischen Lizenz- und anderen Vereinen wird sich weiter öffnen, der Unterschied zwischen (teil-)professionalisiertem Spitzen- bzw. Leistungs- und nicht kommerzialisiertem Breiten- bzw. Freizeitsport wird sich weiter vertiefen, wenn nicht Gegenmaßnahmen ergriffen werden.

Durch die skizzierte, in verschiedener Hinsicht verzögerte Professionalisierung lassen sich – zumindest bisher – wesentliche Probleme vermeiden, die im inzwischen dominierenden Geschäftsmodell der Fußballunternehmen als Milliardengeschäft der kapitalträchtigen Unterhaltungsindustrie des Männerfußballs offensichtlich sind. Auf nationaler Ebene bleiben diese Probleme ungelöst, wie zögerliches Vorgehen beim nicht aufgeklärten „Sommermärchen", undurchsichtige DFB-Führungsgremien und -strukturen, Sponsorenverträge, Verstöße gegen gesetzliche Mindestlohnregelungen bei Vereinen, Eventisierung zwecks Imagebildung und -pflege, zunehmender Entertainmentcharakter der Spiele, schnell und deutlich steigende Umsätze der Sportwetten bei unzureichender Regulierung, enorme Beträge an Berater-Provisionen, Diskussion um Abschaffung der 50 plus 1-Regel, Gewalt in den Stadien, Polizeikosten bei Hochrisikospielen.[166]

Die Covid-19 Pandemie hat erhebliche wirtschaftliche Folgen für die Profiklubs der ersten und zweiten Bundesliga; die lange Phase des Wachstums ist in eine Krise umgeschlagen. Nach offiziellen Angaben der DFL betrug der Umsatzrückgang in den Spielzeiten 2019/2020 und 2020/2021 mehr als eine Milliarde Euro (auf 4.05 Mrd. Euro). Gesunken sind die Transferaufwendungen bzw. -erlöse, die Spieltagserlöse, vor allem aus den Ticketverkäufen, sowie die Ausgaben für Verwaltung, Werbung, Material und Handel. Gestiegen in Relation zu den Gesamterträgen ist hingegen der Aufwand für Spielergehälter („Personalaufwand Spielbetrieb“) (DFL 2022). Mit weiteren Umsatzrückgängen ist aufgrund begrenzter Zuschauerzahlen in Teilen der Saison 2021/2022 sowie der geopolitischen Lage zu rechnen. Mögliche bzw. sogar wahrscheinliche Folgen auch für den Frauenfußball werden in diesem Zusammenhang bisher nicht diskutiert.

Auch auf internationaler Ebene sind die Probleme nach wie vor nicht geklärt, wie Einhaltung der schon 2010 vereinbarten *financial fair play*-Regeln, Überschuldung zahlreicher Vereine, Entwicklung der Ablösesummen, wiederholte Pläne einer Reihe national dominierender Vereine der großen Ligen zur Gründung einer europäischen *Super League*, Pläne zur Einführung einer Vereins-WM, Pläne zur häufigeren Durchführung von WM mit dem Ziel der Gewinnmaximierung, wiederholte Korruptionsvorwürfe gegen Funktionäre.[167]

[166] Vgl. zu Sicht und Kritik des Profifußballs durch Fans FCPlayFair 2017.

[167] Eine umfangreichere Auflistung der aktuellen Probleme präsentiert Biermann 2022.

7.2 Ausblick

Abschließend weite ich den Blick hinaus über meine Fragestellung der allmählichen Professionalisierung des Frauenfußballs im engeren Sinn. Die bereits erwähnte internationale Spielervereinigung FIFPRO argumentiert: „Women's football cannot follow in the footsteps of the men's game nor be positioned as its little sister." (FIFPRO 2020, 16) In der Tat stellt sich auch auf nationaler Ebene die grundsätzliche Frage, ob der Frauenfußball den Männerfußball, bei dem die genannten negativen Zeichen an der Wand offensichtlich sind, unbedingt zum Benchmark bzw. normativen Maßstab seiner eigenen mittel- und langfristigen Entwicklungskonzepte machen muss bzw. sollte.

Der Frauenfußball könnte sich, wenn es für eine grundlegende Richtungsänderung als Teil der „Sportindustrie" mit ihrem hegemonialen, der reinen Rendite- bzw. Profitlogik folgenden „Kommerzfußball" nicht bereits zu spät ist, nicht (nur) in seinem (bisher halb-)professionellen Segment weiter wachsen, sondern (auch) weitergehende Herausforderungen in seiner Entwicklung zum „Volkssport" annehmen. Er könnte sich von der Konzentration der offiziellen und öffentlichen Diskussion auf die erste Bundesliga und (vor allem während großer internationaler Turniere) die Nationalmannschaft lösen und weiter gefassten Vorstellungen öffnen. Er könnte an der Wegscheide, die derzeit erreicht ist, gewisse eigenständige, langfristig ausgerichtete Ziele im Rahmen einer autonomen Entwicklung an/mit der „Basis" formulieren, vor allem in der Vielfalt des Kinder- und Jugend- bzw. Breiten- und Hobbysports und seiner sozialen Verantwortung, und diese durch zusätzliche neue Fördermaßnahmen im Rahmen seines Sportmanagements umsetzen.[168] Eine „Entfremdung von der Basis" ließe sich dadurch verhindern.

Schließlich ist Fußball, „die schönste Nebensache der Welt", inzwischen (auch) bei Mädchen und Frauen die beliebteste bzw.

---

168 https://www.dfb.de/neue-spielformen-im-kinderfussball/

populärste (Mannschafts-)Sportart. Allerdings ist die Zahl der Aktiven bzw. Mannschaften in den vergangenen Jahren rückläufig. Diese strukturelle Problem ist gravierend: Mitte 2022 sind von den gut sieben Mio. Mitgliedern des DFB lediglich 826.000 Frauen und 301.000 Mädchen (bis 16 Jahre). Aktive Spielerinnen sind nur noch 187.00 (83.400 Frauen und 103.00 Mädchen (bis 16 Jahre). Dieses Niveau ist ähnlich wie in der Saison 2018/2019, also im Zeitraum vor der Covid-19 Pandemie. Während die Entwicklung bei Männern und Jungen „Mut macht", bezeichnet der DFB sie bei Frauen und Mädchen offiziell als „alarmierend".[169] Die mittel- und langfristige Umkehr dieses seit Jahren anhaltenden Trends ist notwendig für die weitere Entwicklung, gestaltet sich jedoch schwierig in Anbetracht der Konkurrenz durch andere, alte und neue Sportarten, kleinere Alterskohorten in einer alternden Gesellschaft sowie zunehmende alternative Freizeitangebote.

Die Infrastrukturen des Amateurfußballs, der traditionell – ebenso wie in der aktuellen Diskussion – weniger Beachtung findet als der (teil-)professionalisierte Bereich, sollten besser ausgestattet werden, um auch größeren Gruppen die aktive Teilnahme zu erleichtern. Weitere direkte und indirekte, andauernd-nachhaltig finanzielle Unterstützungsleistungen bzw. Subventionierung nicht nur, wie eingehend analysiert, durch – inzwischen, wenngleich in unterschiedlichem Ausmaß sämtliche – Lizenzvereine, sondern auch durch den Dachverband DFB[170] und seine Landesverbände bleiben auf jeden Fall notwendig auf dem langen und mühsamen Weg zur weitreichenden Inklusion bzw. tatsächlichen Anerkennung der Gleichberechtigung des Frauenfußballs in einer nach wie vor männlich konnotierten bzw. sogar dominierten Sportart. Abzuwarten bleibt, ob versprochene Investitionen (von Sponsoren) bzw. angekündigte Maßnahmen (von Verbänden) mittelfristig tatsächlich stattfinden.

---

169 https://www.dfb.de/verbandsstruktur/mitglieder/aktuelle-statistik/

170 Vgl. zu aktuellen medienrechtlichen und personell-administrativen Änderungen im Zulassungsverfahren https://www.dfb.de/news/detail/dfb-praesidium-beschliesst-aenderungen-im-zulasssungsverfahren-235521/.

Die bisher vernachlässigte Förderung geschlechtsspezifischer und ethnischer Diversität, die Maßnahmen der Inklusion einschließt, bezieht sich nicht nur, wie bereits erwähnt, auf den Dachverband DFB und seine Mitgliedsverbände, sondern vor allem auf die Vereinsebene und den Breitensport.[171] Derzeit ist der Frauenfußball – von der Nationalmannschaft bis zu Jugend- und Mädchenmannschaften – noch weniger als der Männerfußball ein „Spiegelbild der Gesellschaft".

Die Entwicklung der vergangenen Jahre belegt die Schwierigkeiten bzw. sogar die Unmöglichkeit einer autonomen Entwicklung bzw. (zumindest partieller) Emanzipation vom Männerfußball. Ungewiss und nicht abzusehen sind derzeit zudem die mittel- und langfristigen Folgen der globalen Covid-19 Pandemie für die weitere Entwicklung des Fußballs insgesamt und damit auch, oder insbesondere, des Frauenfußballs (für England Clarkson et al. 2022).

---

171 Die Diskussion um Nachhaltigkeit im umfassenden Sinn befindet sich auch im Profifußball der Männer noch im Anfangsstadium (zusammenfassend FCPlayFair 2022).

Literatur

Archer, Alfred/Prange, Martine (2019). ‚Equal play, equal pay': moral grounds for equal pay in football. Journal of the Philosophy of Sport 46(3), 416–436.

Arrondel, Luc/Duhautois, Richard (2021). Le marché du travial des footballeuses: Vers la professionnalisation! Connaissance de l'emploi 174, 1–4.

Ballensiefen, Moritz/Nieland, Jörg-Uwe (2007). Talkshowisierung des Fußballs. Der Volkssport in den Fesseln des Fernsehens. In: Mittag, Jürgen/Nieland, Jörg-Uwe (Hg.). Das Spiel mit dem Fußball. Interessen, Projektionen und Vereinnahmungen. Essen: Klartext, 325–358.

Barreira, Júlia/Da Silva, Carlos Eduardo (2016). National teams in women's soccer World Cup from 1991 to 2015: Participation, performance and competitiveness. Journal of Physical Education and Sport 16(3), 795–799.

Barry, Michael/Skinner, James/Engelberg, Terry (eds) (2016). Research handbook of employment relations in sport. Cheltenham-Northhampton: Elgar.

Beyer, Bernd-M. (2021). 71/72. Die Saison der Träumer. Göttingen: Die Werkstatt.

Biermann, Christoph (2022): Um jeden Preis. Die wahre Geschichte des modernen Fußballs von 1992 bis heute. Köln: Kiepenheuer & Witsch.

Brand, Alexander/Niemann, Arne (2018): The UEFA Champions League as Political Myth: Unifying Europe or Alienating the Regular Football Fan? Joint Working Paper Series of Mainz Papers on International and European Politics (MPIEP) No. 17 and Jean Monnet Centre of Excellence „EU in Global Dialogue" (CEDI) Working Paper Series No. 9. Mainz: Johannes Gutenberg University.

Brannagan, Paul Michael/Scelles, Nicolas/Valenti, Maurizio/Inoue, Yuhei/Grix, Jonathan/Perkin, Seth Joseph (2022). The 2021 Super League attempt: motivation, outcome, and the future of football. International Journal of Sport Policy and Politics 14(1)169–176.

Brazier, Kate (2017). Guest essay. The FA. In: GSSS. Average first-team pay, team-by-team, in the world's most popular sports leagues. 12–13 https://www.globalsportssalaries.com/GSSS%202017.pdf.

Brüggemeier, Franz-Josef/Borsdorf, Ulrich/Steiner, Jürg (2000). Der Ball ist rund. Die Fußballausstellung. Essen: Klartext.

Bulloogh, Steve (2018). UEFA champions league revenues, performance and participation 2003–2004 to 2016–2017. Managing Sport and Leisure 23(1), 1–18.

Clarkson, Beth G./Culvin, Alex/Pope, Stacey/Parry, Keith D. (2022). Covid-19: Reflections on threat and uncertainty for the future of elite women's football in England. Management, Sport and Leisure 27(1-2), 50–61.

Culvin, Alex (2021). Football as work: the lived realities of professional footballers in England. Managing Sport and Leisure https://doi.org/10.1080/23750472.2021.1959384.

Culvin, Alex/Bowes, Ali (2021). The Incompatibility of Motherhood and Professional Women's Football in England. Frontiers in Sports and Active Living https://doi.org/10.3389/fspor.2021.730151

Deloitte (2021). Riding the challenge. Annual review of football finance. https://www.deloitte.com/global/en/Industries/tmt/perspectives/annual-review-of-football-finance-2021---deloitte-global.html.

Department for Digital, Culture, Media & Sport (2021). Fan-Led Review of Football Governance: securing the game's future https://www.gov.uk/government/publications/fan-led-review-of-football-governance-securing-the-games-future.

DFB (2021a). Saison-Report 2019/2020 Frauen-Bundesliga https://www.dfb.de/news/detail/saisonreport-20192020-hoechstwert-bei-gesamtertraegen-224275/.

DFB (2021b). Mitgliederstatistik 2020/2011 https://www.dfb.de/verbandsstruktur/mitglieder/aktuelle-statistik/.

DFB (2022). Saison-Report 2020/2021 Frauen-Bundesliga https://www.dfb.de/ePaper/Saisonreport_FFBL_2020-2021/#1

DFB (o.J.). DFB- Statut Frauen-Bundesliga und 2. Frauen-Bundesliga https://www.dfb.de/fileadmin/_dfbdam/269927-Heft_03_Statut_Frauen-Bundesligen_20220930.pdf

DFL (2021). Zusammenfassender Ergebnisbericht der Taskforce Zukunft Profifußball https://www.dfl.de/de/aktuelles/ergebnisbericht-taskforce-zukunft-profifussball/

DFL (2022). Wirtschaftsreport 2022 https://www.dfl.de/de/ueber-uns/publikationen/dfl-report-archiv/

Deutsches Fußballmuseum (2021). Online-Ausstellung „Frauen. Fußball. Geschichte" https://www.fussballmuseum.de/museum/ausstellung/sonderausstellungen/frauen-fussball-geschichte.

Diketmüller, Rosa (2012). „10 Millionen vor den Fernsehern" – Frauenfußball in der medialen Darstellung. In: Sinning, Silke (Hg.). Auf den Spuren des Frauen- und Mädchenfußballs. Weinheim-Basel: Beltz Juventa, 188–213.

Dilger, Alexander/Scharfenkamp, Katrin (2020). Leistungsgerechte Vergütung ist geschlechtergerecht. Sport und Gesellschaft - Sport and Society 17(4), 293–302.

Drewes, Michael/Rebbeggiani, Luca (2019). Die European Super League im Fußball – Mögliche Szenarien aus sport- und wettbewerbsökonomischer Sicht. SCIAMUS – Sport und Management 2019(4), 127–142.

Dworkin, James B. (2016). The evolution of collective bargaining in sports. In: Barry, Michael/Skinner, James/Engelberg, Terry (eds). Research handbook of employment relations in sport. Cheltenham-Northhampton: Elgar, 127–148.

Ebbinghaus, Bernhard/Göbel, Claudia (2014). Mitgliederrückgang und Organisationsstrategien deutscher Gewerkschaften.

In: Schroeder, Wolfgang (Hg.). Handbuch Gewerkschaften in Deutschland. 2. Aufl. Wiesbaden: Springer VS, 207–239.

ECA (2014). ECA Women's Football Committee. Women's club football analysis https://www.academia.edu/7475041/ECA_Womens_Club_Football_Analysis.

Eisenberg, Christiane (2006). International Bibliography of Football History. Historical Social Research 31(1), 170–208.

Eisenberg, Christiane (2020). Weder gerecht noch leistungsgerecht, sondern Sport. Über die Vergütung professioneller Athleten (und Athletinnen). Sport und Gesellschaft – Sport and Society 17(3), 303–317.

FCPlayFair (2017). Situationsanalyse Profifußball. Aktuelle Probleme, Herausforderungen und Lösungsansätze im (deutschen) Profifußball 2017 https://fcplayfair.org/2017/05/13/studie-situationsanalyse-profifussball-2017/.

FCPlayFair (2022). Situationsanalyse Nachhaltigkeit in der Bundesliga 2021/22 https://fcplayfair.org/wp-content/uploads/2022/07/Report_Nachhaltigkeit_FCPF_20220714.pdf.

FIFA (2021). Setting the pace. FIFA Benchmarking Report: Women's Football https://digitalhub.fifa.com/m/3ba9d61ede0a9ee4/original/dzm2o61buenfox51qjot-pdf.pdf.

FIFA (2022). Global transfer report 2021 https://www.fifa.com/media-releases/fifa-publishes-global-transfer-report-2021.

FIFPRO (2017). Global Employment Report. Working conditions in professional women's football https://www.fifpro.org/media/1knjg5lu/2017-fifpro-women-football-global-employment-report-final.pdf.

FIFPRO (2020). Raising our game. Women's football report https://www.fifpro.org/media/vd1pbtbj/fifpro-womens-report_eng-lowres.pdf.

FREE (Football Research in an Enlarged Europe) (2015): Identity dynamics, perception patterns and cultural change in Europe's most prominent form of popular culture. Final Report Summary https://cordis.europa.eu/project/id/290805/reporting.

Frick, Bernd (2007). The Football Players' Labor Market: Empirical Evidence from the Major European Leagues. Scottish Journal of Political Economy 54(3), 422–446.

Frick, Bernd (2019). Arbeitsmarkt Profisport. In: Güllich, Arne/ Krüger, Michael (Hg.), Sport in Kultur und Gesellschaft. Handbuch Sport und Sportwissenschaft. Heidelberg: Springer, 709–724.

Frick, Bernd/Wagner, Gert G. (1996). Bosman und die Folgen: das Fußballurteil des Europäischen Gerichtshofes aus ökonomischer Sicht. Wirtschaftswissenschaftliches Studium 25(12), 611–615.

Frick, Bernd/Mainus, David/Schumacher, Paul (2021). Einbruch der Transferströme: Einfluss der COVID-19-Pandemie auf den professionellen Fußball. Wirtschaftsdienst 102(2), 144–146.

Gardiner, Simon/Welch, Roger (2016). Nationality based playing quotas and the international transfer system post-Bosman. In: Duval, Antoine/Rompuy, Ben (eds). The legacy of Bosman. Revisiting the relationship between EU law and sport. The Hague: Asser Press, 51–80.

Gammelsæter, Hallgeir/Senaux, Benoît (2011). Understanding the governance of football across Europe. In: Gammelsæter, Hallgeir/Senaux, Benoît (eds). The organisation and governance of top football across Europe. New York: Routledge, 268–281.

Gebauer, Gunter (2006). Poetik des Fußballs. Frankfurt-New York: Campus.

GSSS (Global Sports Salaries Survey) (2017). Global Sports Salaries Survey. Average first-team pay, team-by-team, in the world's most popular sports leagues https://www.globalsports-salaries.com/GSSS%202017.pdf.

Greubel, Marcel/Kaiser-Jovy, Sebastian (2018). Die Erfolgskriterien eines Mannschaftssportwettbewerbs am Beispiel der UEFA Women's Champions League. Sciamus – Sport und Management 2018(1), 71–89.

Hallmann, Kirstin (2012). Women's 2011 Football World Cup: The impact of perceived images of women's soccer and the World

Cup 2011 on interest in attending matches. Sports Management Review 15(1), 33–42.

Hennies, Rainer/Meuren, Daniel (2011). Frauenfussball. Aus dem Abseits in die Spitze. Göttingen: Die Werkstatt.

Herzog, Markwart (Hg.) (2013): Frauenfußball in Deutschland: Anfänge – Verbote – Widerstände – Durchbruch. Stuttgart: Kohlhammer.

Hoffmann, Eduard/Nendza, Jürgen (2006). Verlacht, verboten und gefeiert. Zur Geschichte des Frauenfußballs in Deutschland. 2. Aufl. Weilerswist: Landpresse.

Hovden, Jorid (2021). Sport associations, politics and gender policies. In: Pike, Elizabeth C. K. (ed). Research Handbook on Sports and Society. Cheltenham-Northhampton: Elgar, 22–37.

Jacke, Christoph/Kleiner, Marcus S. (2007). Innovation oder Kommerz? Der Boom von Fußballmagazinen in der deutschen Presselandschaft. In: Mittag, Jürgen/Nieland, Jörg-Uwe (Hg.). Das Spiel mit dem Fußball. Interessen, Projektionen und Vereinnahmungen. Essen: Klartext, 313–324.

Jürgens, Tim/Köster, Philipp (2022). Lieber Herr Bundestrainer. 11 Freunde 245/April 2022, 62–69.

Keller, Berndt (2008). Einführung in die Arbeitspolitik. Arbeitsbeziehungen und Arbeitsmarkt in sozialwissenschaftlicher Perspektive, 7. völlig überarb. Aufl. München-Wien: Oldenbourg.

Keller, Berndt (2016). The regulation of professional football at the European Union level: towards supranational employment relations in the football industry? In: Barry, Michael/Skinner, James/Engelberg, Terry (eds). Research handbook of employment relations in sport, Cheltenham-Northhampton: Elgar, 19–45.

Keller, Berndt (2018). Sectoral social dialogue in professional football: actors, outcomes and problems of implementation. ETUI Working Paper 2018.04, Brussels: ETUI.

Keller, Berndt (2020). Arbeitsbeziehungen im Profifußball: Die Vereinigung der Vertragsfußballspieler. Industrielle Beziehungen 27(1), 19–44.

Keller, Berndt/Seifert, Hartmut (2013). Atypische Beschäftigung zwischen Prekarität und Normalität. Entwicklung, Strukturen und Bestimmungsgründe im Überblick. Berlin: edition sigma.

Kjaer, Bagger Jorgen/Agergaard, Sine (2013). Understanding women's professional soccer: the case of Denmark and Sweden. Soccer & Society 14(6), 816–833.

Klein, Marie-Luise (2018). Women's football leagues in Europe: Organizational and economic perspectives. In: Pfister, Gertrud/Pope, Stacey (eds). Female football players and fans. Intruding into a man's world. London: Palgrave Macmillan, 7–101.

KPMG Football Benchmark (2020). A FIFPRO report on women's football https://www.footballbenchmark.com/library/a_fifpro_report_on_women_s_football.

Kringstad, Morten (2021). Comparing competitive balance between genders in team sports. European Sport Management Quarterly 21(5), 764–781.

Kuper, Simon/Szymanski, Stefan (2014). Soccernomics. New York: Nation Books.

Kuyucu, Mihalis (2021). The economy of football in the changing world: An analysis of football cconomy (1980–2020). ATLAS Journal. International Refereed Journal On Social Sciences 7(3), 1576–1590.

Lago, Ignacio/Lago-Peñas, Carlos/Lago-Peñas, Santiago (2022). Waiting or acting? The gender gap in international football success. International Review for the Sociology of Sport 57(7), 1139–1156.

Lelek, Stella/Klein, Marie-Luise (2011). Der kommunikative Auftritt des Frauenfußballs im Internet – Eine Analyse der Vereinshomepages der ersten Frauen-Bundesliga. Sciamus – Sport und Gesellschaft 2011(1), 15–23.

Leslie-Walker, Anika/Mulvenna, Claire (2022). The Football Association's Women's Super League and female soccer fans: fan engagement and the importance of supporter clubs. Soccer & Society 23(3), 314–327.

Littkemann, Jörn/Pankratz, Leonie (2019). Stadionbesuch in der Frauenbundesliga: Eine empirische Analyse. Sciamus – Sport und Management 2019(2), 1–21.

Littkemann, Jörn/Geyer, Christian/Schmitz, Oliver (2021). Warum die European Super League (vorerst) scheiterte? – Sportökonomische Betrachtung aus Sicht ausgewählter Interessensgruppen. Sciasmus – Sport und Management 2021(3), 10–22.

Macedo, Anthony/Dias, Marta Ferreira/Mourão, Paulo/Reis (2022a). A bibliometric study of the European Super League of football – A new planor an old threat? Soccer & Society 23(8), 1097–1117.

Macedo, Anthony/Dias, Marta Ferreira/Mourão, Paulo Reis (2022b). A literature review on the European Super League of football – tracing the discussion of a utopia? International Journal of Sport Policy and Politics 14(3), 563–579.

Marston, Kevin Tallec/Boillat, Camille/Roitman, Fernando (2017). Governance relationships in football between management and labour. Players, clubs, leagues & national associations. Editions CIES Centre International d'Etude du Sport Vol 7. Neuchâtel: CIES.

McLeod, Christopher M./Nite, Calvin (2021). The Co-Construction of Employment Relations in Semi-Professional Sport Leagues. Journal of Global Sport Management. DOI: 10.1080/24704067.2021.2008805.

Meier, Henk Erik (2004). Von Bosman zur Kollektivvereinbarung? Die Regulierung des Arbeitsmarktes für Profifußballer. Industrielle Beziehungen 11(4), 320–346.

Meier, Henk Erik (2021). The development of women's soccer. Legacies, participation, and popularity in Germany. Milton Park-New York: Routledge.

Meier, Henk Erik/Konjer, Mara/Leinwather, Marcel (2016a). The demand for women's league soccer in Germany. European Sport Management Quarterly 16(1), 1–18.

Meier, Henk Erik/Reinhart, Kai/Konjer, Mara/Leinwather, Marcel (2016b). Deutschland, einig Fußballland? Ost-West-Unterschiede in der Nachfrage nach Nationalmannschaftsspielen. Leviathan 44(2), 247–279.

Memmert, Daniel (2021). Study shines new light on women's game https://uefadirect.uefa.com/194/en/74-1.

Mittag, Jürgen (2018). Mitbestimmung als sportartspezifisches Konfliktfeld. IMPULSE. Das Wissenschaftsmagazin der Deutschen Sporthochschule Köln 23(2), 36–41.

Mittag, Jürgen/Nieland, Jörg-Uwe (2007). Der Volkssport als Spielball. Die Vereinnahmung des Fußballs durch Politik, Medien, Kultur und Wirtschaft. In: Mittag, Jürgen/Nieland, Jörg-Uwe (Hg.). Das Spiel mit dem Fußball. Interessen, Projektionen und Vereinnahmungen. Essen-Klartext, 9–30.

Mittag, Jürgen/Seltmann, Maximilian/Fiege, Lorenz /O'Leary, Leanne/Zembura, Pawel/Haas, Luiz/Santos, Thiago/Smokvina, Vanja (2022). Understanding the employment relations of athletes in olympic sports in Europe (Fact Report). Rijeka: University of Rijeka https://repository.pravri.uniri.hr/islandora/object/pravri:2369.

Müller, Marion (2009). Fußball als Paradoxon der Moderne. Historische und ethnographische Analyse zur Bedeutung ethnischer, nationaler und geschlechtlicher Differenzen im Profifußball, Wiesbaden: VS.

Naumann, Chantal/Follert, Florian/Daumann, Frank (2021). Vergütung im Frauenfußball: Einige Ergänzungen aus betriebswirtschaftlicher Perspektive. Sport und Gesellschaft – Sport and Society 18(1), 105–111.

Neumann, Claudia (2020). ‚Hat die überhaupt 'ne Erlaubnis, sich außerhalb der Küche aufzuhalten?' Hamburg: HarperCollins.

Nieland, Jörg-Uwe (2020). Anerkennung durch Berichterstattung? Ein Essay zur (medialen) Wahrnehmung des Frauenfußballs. PolitikArena 17/10, 3–4.

Niemann, Arne/Brand, Alexander (2008). The impact of European integration on domestic sport: The case of German football. Sport in Society 11(1), 90–106.

Niemann, Arne/Brand, Alexander (2020). The UEFA champions league: a political myth. Soccer & Society 21(3), 329–343.
Okholm Kryger, K./Wangd, A./Mehtae, R./Impellizzeri, F./Massey, A./Harrison, M./Glendinning, R./McCall, A. (2022). Can we evidence-base injury prevention and management in women's football? A scoping review. Research in Sports Medicine. An International Journal 30 https://doi.org/10.1080/15438627.2022.2038161.
Olson, Mancur (1968). Die Logik des kollektiven Handelns. Kollektivgüter und die Theorie der Gruppen. Tübingen: Mohr Siebeck.
Olson, Mancur (1982). The rise and decline of nations. Economic growth, stagflation, and social rigidities. New Haven-London: Yale University Press.
Parrish, Robert/Cattaneo, Andrea/Lindholm, John/Mittag, Jürgen/Perez-Gonzalez, Carmen/Smokvina, Vanja (2019). Promoting and Supporting Good Governance in the European Football Agents Industry: EU Funded Research Study https://research.edgehill.ac.uk/en/publications/promoting-and-supporting-good-governance-in-the-european-football
Petty, Kate/Pope, Stacey (2019). A new age for media coverage of women's sport? An analysis of English media coverage of the 2015 FIFA women's world cup. Sociology 53(3), 486–502.
Pfister, Gertrud (2003). The challenge of women's football in east and west Germany: A comparative study. Soccer & Society 4(2-3), 128–148.
Pfister, Gertrud (2006). The future of football is female!? On the past and present of women's football in Germany. In: Tomlinson, Alan/Young, Christopher (eds). German football. History, culture, society. London-New York: Routledge, 93–126.
Pfister, Gertrud (2012). Frauen-Fußball-Geschichte(n). In: Sinning, Silke (Hg.). Auf den Spuren des Frauen- und Mädchenfußballs. Weinheim-Basel: Beltz Juventa, 14–47.

Pfister, Gertrud (2015a). Assessing the sociology of sport: On women and football. International Review for the Sociology of Sport 50(4-5), 563–569.

Pfister, Gertrud (2015b). Sportswomen in the German popular press: a study carried out in the context of the 2011 women's football world cup. Soccer & Society 16(5-6), 639–656.

Pfister, Gertrud (2018). Women, football and European integration: Aims, questions, methodological and theoretical approaches. In: Pfister, Gertrud/Pope, Stacey (eds) (2018). Female football players and fans. Intruding into a man's world. London: Palgrave Macmillan, 37–54.

Pfister, Gertrud/Sonntag, Albrecht/Ranc, David (2015). Women's football and female fans. Free Policy Brief No. 3 https://research.ku.dk/search/result/?pure=en/publications/free-policy-brief-no-3--womens-football-and-female-fans(b7c90500-3c8b-4659-aa79-ed73d4cd0384)/export.html

Pfister, Gertrud/Pope, Stacey (eds) (2018). Female football players and fans. Intruding into a man's world. London: Palgrave Macmillan.

Plumley, Daniel/Ramchandani, Girish/Mondal, Sarthak/Wilson, Rob (2022). Looking forward, glancing back; competitive balance and the EPF. Soccer & Society 24(4-5), 466–481.

Postel, Tonio (2018). Zwischen Fanreportern und Spielverderbern. Fußballjournalismus auf dem Prüfstand. OBS-Arbeitspapier 33. Frankfurt: Otto-Brenner-Stiftung.

Prinz, Joachim/Weimar, Daniel (2016). Spielermärkte. In: Deutscher, Christian/Hovemann, Gregor/Pawlowski, Tim/Thieme, Lutz (Hg.). Handbuch Sportökonomie. Schorndorf: Hofmann, 179–196.

Rapinoe, Megan (2020). One life. New York: Penguin Press.

Reich, Michael (ed) (2008). Segmented labor markets and labor mobility, 2 vols. Cheltenham-Northhampton: Elgar.

Scelles, Nicolas (2021). Policy, political and economic determinants of the evolution of competitive balance in the FIFA women's football world cups. International Journal of Sport Policy and Politics 13(2), 281–297.

Scelles, Nicolas/Pfister, Gertrud (2021). Policy and politics of women's sport and women in sport. International Journal of Sport Policy and Politics 13(2), 201–206.

Selmer, Nicole (2012). Fans im Frauenfußball: Wo sind sie? Wer sind sie? In: Sinning, Silke (Hg.). Auf den Spuren des Frauen- und Mädchenfußballs. Weinheim-Basel: Beltz Juventa, 158–168.

Shilbury, David (2022a). In search of sport management. Cheltenham-Northhampton: Elgar.

Shilbury, David (2022b). In search of sport management. In: Shilbury, David (ed). A research agenda for sport management. Cheltenham-Northhampton: Elgar, 1–20.

Sinning, Silke (2012). Mädchen- und Frauenfußball-Trainerinnen – die Chance, besondere Kompetenzen einzubringen! In: Sinning, Silke (Hg.). Auf den Spuren des Frauen- und Mädchenfußballs. Weinheim-Basel: Beltz Juventa, 123–138.

Sinning, Silke/Rafalski, Katrin (2012). Schiedsrichterrinnen im Fußball – auf dem Weg zur Professionalität. In: Sinning, Silke (Hg.). Auf den Spuren des Frauen- und Mädchenfußballs. Weinheim-Basel: Beltz Juventa, 109–122.

Sobiech, Gabriele (2006). Im Abseits? Mädchen und Frauen im Fußball-Sport. In: Brandes, Holger/Christa, Harald/Evers, Ralf (Hg.). Hauptsache Fußball. Sozialwissenschaftliche Einwürfe. Gießen: Psychosozial-Verlag, 147–169.

Strünck, Christoph (2007). In einer eigenen Liga? Der Deutsche Fußball-Bund als Interessenverband. In: Mittag, Jürgen/Nieland, Jörg-Uwe (Hg.). Das Spiel mit dem Fußball. Interessen, Projektionen und Vereinnahmungen. Essen: Klartext, 191–202.

UEFA (2022). UEFA Women's Football. The business case for women's football. Defining the value of women's football in Europe https://www.uefa.com/insideuefa/news/0278-15e1359d73bf-0abdd5cc60ba-1000--the-business-case-for-women-s-football/

Thieme, Lutz/Wojciechowski, Torsten (Hg.) (2021). Sportverbände. Stand und Perspektiven der Forschung. Schorndorf: Hofmann.

Valenti, Maurizio/Scelles, Nicolas/Morrow, Stephen (2018). Women's football studies: An integrative view. Sport, Business and Management: An international Journal 8(5), 511–528.

Valenti, Maurizio/Scelles, Nicolas/Morro, Stephan (2019). The determinants of stadium attendance in elite women's football: Evidence from the UEFA Women's Champions League. Sport Management Review 23(3), 509–520.

VDV (2022). Bildungschancen bleiben oft ungenutzt. Wir Profis – Das Magazin der VDV 2022(2), 26–27.

Welford, Jo (2018). Outsiders on the inside: Integrating women's and men's football clubs in England. In: Pfister, Gertrud/Pope, Stacey (eds). Female football players and fans. Intruding into a man's world. London: Palgrave Macmillan, 103–124.

Weimar, Daniel (2019). The economics of professional soccer. In: Downward, Paul/Frick, Bernd/Humphreys, Brad R./Pawlowski, Tim/Ruseski, Jane E./Soebbing, Brian P. (eds). Handbook of Sports Economics. Los Angeles-London: Sage, 243–256.

Williamson, Oliver E. (1996). The mechanisms of governance. Oxford-New York: Oxford University Press.

Wilkesmann, Uwe (2014). Geld schießt Tore? Zur sozialen Ungleichheit im Fußball. In: Behnke, Cornelia/Lengersdorf, Diana/Scholz, Sylke (Hg.). Wissen – Methode – Geschlecht: Erfassen des fraglos Gegebenen. Zum Werk von Michael Meuser. Wiesbaden: Springer VS, 107–124.

Wilkesmann, Uwe/Blutner, Doris/Müller, Christian (2011). German football. Organising for the European top. In: Gammelsæter, Hallgeir/Senaux, Benoit (eds). The organisaton and governance of top football across Europe. New York: Routledge, 138–153.

Zimmermann, Timo/Klein, Marie-Luise (2014). Zuschauerbezogene Marketingstrategien in der Frauenfußball-Bundesliga – Ergebnisse einer Vereinsbefragung. Sciamus – Sport und Management 2014(2), 24–37.